DELIUS KLASING

STEFAN BARTA

HELDEN IN KÖNIGSBLAU

75 Fußball-Legenden von Schalke 04

DELIUS KLASING VERLAG

Das vorerst letzte Mal: Am 18. Mai 1958 gewinnt der FC Schalke 04 im Niedersachsenstadion von Hannover mit einem 3:0 gegen den Hamburger SV die Deutsche Meisterschaft.

Mit dem Doppeldecker durch Gelsenkirchen: Nach dem DFB-Pokalsieg am 1. Juli 1972 – Schalke besiegt Kaiserslautern 5:0 – präsentiert die Mannschaft ihren Fans den Pott.

CUP SIEGER '97
SCHALKE 04
adidas

Der größte Erfolg der Vereinsgeschichte: Schalkes Mannschaft – die »Eurofighter« genannt – gewinnt am 21. Mai 1997 den UEFA-Cup bei Inter Mailand nach Elfmeterschießen.

UEFA
MPIONS LEAGUE

Der Triumph des Señors: Beim 5:2-Kantersieg bei Inter Mailand in der Champions League am 5. April 2011 trifft der Spanier Raúl (rechts) zweimal für Schalke.

VELTINS

VELTINS
VICTORIA
airberlin.com

ANSTOSS

Heute ist der FC Schalke 04 einer der bekanntesten Fußballvereine der Welt. Als der Club vor über 100 Jahren von einer Handvoll jugendlicher Bergarbeiterkinder gegründet wird, beginnt eine einzigartige Erfolgsgeschichte. Über Jahrzehnte hinweg prägt Schalke den deutschen und internationalen Fußball. Von den Anfängen über die magischen Erfolge in den 1930er-Jahren, die »Jahrhundertelf« der 1970er-Jahre bis hin zum UEFA-Cup-Sieg und den Auftritten in der Champions League. Ein Mythos entsteht und lebt. Heute wird der Verein von Hunderttausenden von Menschen geliebt, von vielen gar vergöttert. Der Mythos Schalke fasziniert die Massen. Doch worauf gründet er?

Auf diese Fragestellung haben namhafte Sporthistoriker und Journalisten zig Antworten gegeben. Natürlich spielen dabei immer Erfolge, Titel und Meisterschaften eine Rolle. Natürlich haben das Ruhrgebiet, Gelsenkirchen, die Malocher und die Fans ihren Teil dazu beigetragen. Ganz sicher aber sind es die vielen einzigartigen Charaktere, die den FC Schalke und seine mit vielen Höhen und Tiefen durchsetzte Vereinsgeschichte geprägt haben und prägen werden: Spieler, Trainer und Präsidenten. Sie haben den Mythos Schalke 04 begründet. Sie sind zu Helden geworden. Zu Helden in Königsblau.

ZAUBERER

adidas
VICTORIA
versichert

LINCOLN

Ein Straßenfußballer, ein Zauberer, der den Ball instinktiv dorthin zu spielen weiß, wo er für die Stürmer am wertvollsten ist. An guten Tagen nicht vom Ball zu trennen, technisch perfekt, genial. So einen Mittelfeldspieler hatte Schalke nach dem Weggang von Andi Möller lange gesucht.

Dass der Brasilianer Lincoln den Weg zurück in die Bundesliga findet, ist nach seinen von vielen Verletzungen und Missverständnissen gezeichneten Jahren in Kaiserslautern nicht selbstverständlich. Sogar in die zweite Mannschaft hatte man den von seinem Heimatverein Atlético Mineiro in die Bundesliga gewechselten Lincoln auf dem »Betze« strafversetzt. Deswegen war er im März 2004 nach Brasilien zurückgekehrt. Lincoln sei ein schwieriger Typ, eine Diva, unbeherrscht, das sagte man ihm nach. Doch den FC Schalke schreckt das nicht. In Gelsenkirchen sieht man an erster Stelle das ungeheure Potenzial Lincolns. Im Juni unterschreibt er auf Schalke, eine für viele überraschende Verpflichtung.

Er hätte auf Schalke unsterblich werden können.

Seine Anfangszeit in Gelsenkirchen gestaltet sich aufgrund einer Muskelverletzung schwierig. Doch unter dem neuen Trainer Ralf Rangnick, der offensiven, schnellen Fußball spielen lässt, blüht Lincoln auf. Bei seinen Pässen auf Landsmann Ailton oder Ebbe Sand schnalzen die Zuschauer mit der Zunge.

In der Saison 2004/05 wird er zum besten Spieler der Hinrunde gewählt, Schalkes erster Meistertitel seit 1958 scheint zum Greifen nah: Ein von Lincoln direkt verwandelter Freistoß zum 1:0-Sieg über den FC Bayern München lässt die Arena in ihren Grundfesten erbeben und bringt dem S04 erstmals die alleinige Tabellenführung. Am Ende der Saison stehen insgesamt zwölf Tore und elf Vorlagen auf dem Konto des Brasilianers. Doch Schalke wird nicht Meister – zieht aber als Tabellenzweiter mit den Bayern in die Champions League ein.

Seine Undiszipliniertheiten legt Lincoln auch auf Schalke nicht ab. Die Spielsperren, die er wegen verschiedener Roter Karten erhält, schaden nicht nur ihm, sondern vor allem auch dem Club. In der entscheidenden Phase um die Meisterschaft 2007 wird Lincoln, nachdem er den Leverkusener Spieler Bernd Schneider im Kabinengang schlägt, vom DFB mit einer fünfwöchigen Sperre belegt. Deswegen geben ihm viele Fans eine große Mitschuld an der knapp verpassten Meisterschaft des Jahres 2007.

Nach 113 Spielen und 31 Toren trennen sich die Wege schließlich wieder. Am Ende der Saison 2006/07 wechselt Cássio de Souza Soares, genannt Lincoln, in die türkische Süper Lig zum Traditionsclub Galatasaray Istanbul. Mit ein wenig mehr Disziplin hätte er auf Schalke unsterblich werden können.

Geboren: 22. Januar 1979 in São Brás do Suaçuí (Brasilien)
Spieler auf Schalke: 2004–2007
Pflichtspiele für Schalke: 113 (31 Tore)
Erfolge mit Schalke: DFB-Ligapokalsieger (2005), Vizemeister (2005, 2007), DFB-Pokalfinalist (2005)

RAÚL

Ohne Zweifel ist er der größte Star, der jemals auf Schalke gespielt hat. Ein Fußballer der Superlative. Mit Real Madrid wurde er sechsmal Spanischer Meister und gewann dreimal die Champions League sowie zweimal den Weltpokal. Raúl ist Titelsammler und Inhaber unzähliger Rekorde. Dass dieser Fußballer das königsblaue Trikot trägt, ist nicht nur eine Ehre für Schalke, sondern nebenbei auch ein geschickter Marketing-Schachzug des Clubs. Plötzlich wird Schalke in Europa und darüber hinaus in einem Atemzug mit den ganz großen Vereinen genannt.

Als Raúl zu Schalke wechselt, ist er bereits 33 Jahre alt, und es gibt nicht wenige, die bezweifeln, ob ein von Real Madrid ausgemusterter alternder Star noch fit genug ist für die Bundesliga. Doch der »Señor«, wie er genannt wird, zeigt es allen noch einmal. Was er auf dem Spielfeld an technischen Kabinettstückchen darbietet, ist einzigartig in der Bundesliga. Das langgezogene »Rauuuuuul« durchzieht Heimspiel für Heimspiel die Arena, und Standing Ovations für den Superstar sind obligatorisch.

Raúl schießt Tore, eins schöner als das andere. »Tore des Monats«, das »Tor des Jahres« 2011. Raúl zaubert – mal mit rechts, dann mit links oder per Kopf – den Ball ins Tor der Gegner, die oft nur ehrwürdig staunen. Ob gelupft über den Torwart oder aus der Distanz in den Winkel; manchmal ist das so trickreich, dass es den Radio- und Fernsehkommentatoren schlicht die Sprache verschlägt.

Aber Raúl zaubert nicht nur, er kann auch kämpfen. Er geht die weiten Wege zurück, er kämpft vorn im Sturm, er rackert im Mittelfeld und hilft, wenn es sein muss, auch in der Abwehr aus. Wer dachte, Raúl würde sich auf Schalke nur ausruhen und die Hand aufhalten, der hat den Mann aus Madrid falsch eingeschätzt. Gerade seine mannschaftsdienliche Einstellung auf dem Platz macht ihn so ungeheuer und unüberhörbar beliebt beim Schalker Anhang.

Ein Superstar zum Anfassen – ohne Allüren.

Zudem hat Schalke in den Jahren 2010 bis 2012 eine sehr junge Mannschaft, für die Raúl eine wichtige Rolle spielt. Nicht zu übersehen ist, wie etwa der 18-jährige Julian Draxler von seinem erfahrenen Sturmpartner lernt und wie er den Spanier auf dem Spielfeld sucht und findet.

Die Erfolge bleiben nicht aus. Mit Raúl gewinnt Schalke 2011 den DFB-Pokal und zieht ins Halbfinale der Champions League ein. Die Gala-Vorstellung im Giuseppe-Meazza-Stadion, als Schalke Titelhalter Inter Mailand mit 5:2 demontiert, ist ein Jahrhundertspiel, in dem Raúl sein 70. Treffer in der Königsklasse gelingt – Rekord. Abseits des Platzes gibt sich der spanische Superstar auf Schalke vom ersten Tag an bescheiden. Ohne Starallüren erfüllt er nach den Trainingseinheiten die Autogrammwünsche der Fans. Raúl ist tatsächlich der sympathische Star zum Anfassen, der den FC Schalke 04 leider viel zu schnell wieder verlässt.

Geboren: 27. Juni 1977 in Madrid (Spanien)
Spieler auf Schalke: 2010–2012
Pflichtspiele für Schalke: 98 (40 Tore)
Erfolge mit Schalke: DFB-Pokalsieger (2011), DFL-Supercupsieger (2005), »Tor des Jahres« (2011)
A-Länderspiele: 102 (44 Tore) für Spanien

ÈMILE MPENZA

Als Eka Basunga Lokonda Mpenza, dessen Rufname Emile lautet, im Winter 1999 zum FC Schalke wechselt, ist er der teuerste Transfer der Vereinsgeschichte. Für sagenhafte 17 Millionen Mark kommt der gerade 21-Jährige vom belgischen Erstligisten Standard Lüttich ins Berger Feld. Ein Spieler, der den meisten Fans unbekannt ist und dessen Namen bis dato auch kaum jemand aussprechen kann. Doch das ändert sich schnell.

Bereits in seinem ersten Spiel lässt Mpenza seine Genialität auf der Außenposition aufblitzen, im zweiten Spiel schießt er sein erstes Tor, und ein paar Wochen später, gegen den VfB Stuttgart, gelingt ihm sein erster Doppelpack. Binnen eines halben Jahres ist er Stammspieler und bildet mit Ebbe Sand und Gerald Asamoah eine Sturmreihe, die in der Folge für Furore in der Bundesliga sorgen wird.

Genialität und Schnelligkeit auf der Außenbahn.

Emiles Ballbehandlung und Schnelligkeit, seine Durchsetzungskraft und die präzisen Flanken auf seinen Sturmpartner Sand – all das bleibt unvergessen. Die Saison 2001, die in allen Schalker Herzen immer einen besonderen Platz haben wird, sie wird von diesem Sturmduo geprägt. Ein traumhaftes Zusammenspiel: 35 Treffer erzielen sie, 13 gehen auf das Konto von Mpenza. Er ist damit auch an den schönsten Siegen in dieser und der folgenden Spielzeit beteiligt: Das Spiel im DFB-Pokal-Halbfinale beim VfB Stuttgart, als die Heimmannschaft nach 16 Minuten schon mit 0:3 zurückliegt. Oder der 3:2-Erfolg gegen den FC Bayern München: Diese Spiele zaubern jedem Schalker noch heute ein Grinsen ins Gesicht. Und immer ist Mpenza an den entscheidenden Toren beteiligt.

Im Privatleben des jungen Nationalspielers häufen sich derweil die Eskapaden. Oft rast Mpenza nachts in seinem Ferrari zu seiner Freundin nach Belgien, mehrfach berichtet die Boulevardpresse dann von Unfällen. Zudem wird Schalkes Belgier immer häufiger von kleineren und größeren Verletzungen geplagt. Er habe, wird geschrieben, muskuläre Probleme. Als Mpenza sich ohne Zustimmung des Vereins operieren lässt, steht er kurz vor dem Rauswurf.

Doch Emile beteuert, sich bessern zu wollen und gibt noch einmal ein Comeback. Ausgerechnet gegen Bayern München steht er erstmalig nach langer Verletzungspause wieder auf dem Platz. Der 5:1-Sieg gegen den deutschen Rekordmeister geht in die Geschichte ein. Mpenza wirbelt die Münchner Abwehrreihe durcheinander. Das 1:0 besorgt er selbst, das 2:0 legt er Ebbe Sand auf, das 4:1 Marco van Hoogdalem. Die Arena steht Kopf, und Mpenza wird später erklären, er sei jetzt reifer und bodenständiger geworden. Den Beweis dafür bleibt er schuldig. Nach nur drei Jahren trennen sich die Wege von Schalke 04 und einem der schnellsten Stürmer, den die Bundesliga je gesehen hat.

Geboren: 4. Juli 1978 in Zellik (Belgien)
Spieler auf Schalke: 2000–2003
Pflichtspiele für Schalke: 96 (33 Tore)
Erfolge mit Schalke: DFB-Pokalsieger (2001, 2002), Vizemeister (2001)
A-Länderspiele: 57 (19 Tore) für Belgien

JEFFERSON FARFÁN

Als Schalke 04 sich 2008 für vier Jahre und eine Ablösesumme von acht Millionen Euro die Dienste des 23-jährigen Stürmers Jefferson Farfán sichert, ist der bereits sechsmaliger Landesmeister: Zweimal hat der Peruaner in seiner Heimat mit Alianza Lima die Meisterschaft gewonnen, viermal in Folge mit dem PSV Eindhoven in den Niederlanden. Farfán ist dabei ein wichtiger Teil dieser Mannschaften gewesen. Auch auf Schalke reift er binnen kurzer Zeit zum Stammspieler.

Blitzschnell ist er auf seinem rechten Flügel unterwegs, kaum zu stoppen, er bindet oft gleich mehrere gegnerische Spieler. Farfáns direkter Drang zum Tor macht ihn darüber hinaus zum besten Außenstürmer der Bundesliga. Seine Sprints über das gesamte Spielfeld sind spektakulär und die daraus resultierenden Tore nicht minder.

Weil Jefferson Farfán an guten Tagen ein Spieler von Weltklasse-Niveau ist, liegen bald schon lukrative Angebote europäischer Spitzenvereine auf dem Tisch, die »Jeff« nur noch mehr motivieren: Woche für Woche ruft er Topleistungen ab. Als 2012 seine Vertragsverlängerung für weitere vier Jahre bekannt gegeben wird, ist der Jubel auf Schalke riesengroß. Denn Jefferson Farfán ist einer jener Spieler, die in so mancher Partie den entscheidenden Unterschied ausmachen können.

Geboren: 26. Oktober 1984 in Lima (Peru)
Spieler auf Schalke: seit 2008
Pflichtspiele für Schalke: 174 (39 Tore)
Erfolge mit Schalke: Vizemeister (2010), DFB-Pokalsieger (2011), DFL-Supercupsieger (2011)
A-Länderspiele: 55 (15) für Peru

BRANCO OBLAK

Dass einer der großen Stars der Fußball-Weltmeisterschaft von 1974 den Weg ins Berger Feld findet, ist den ausgezeichneten Kontakten von Präsident Günter Siebert nach Jugoslawien zuzuschreiben. Halb Europa will sich die Dienste des offensiven Mittelfeldspielers Branco Oblak sichern, den Zuschlag aber erhält Schalke 04.

Eigentlich soll Oblak bereits im August 1975 in Gelsenkirchen eintreffen, doch es stellt sich heraus, dass er zunächst noch seinen Wehrdienst beenden muss. Am 11. Spieltag der Saison 1975/76 debütiert er dann gegen Uerdingen.

Dem Mann aus Ljubljana fällt die Eingewöhnung sichtlich schwer, auch das Zusammenspiel mit dem nicht minder genialen Hannes Bongartz funktioniert zunächst kaum. Oblak deutet dennoch gleich an, warum er so begehrt ist: Er ist fast nicht vom Ball zu trennen, verfügt über ein präzises Passspiel und einen fulminanten Abschluss mit seinem starken linken Fuß. Meist kann er von seinen Gegenspielern nur durch überhartes Einsteigen gebremst werden.

Mit Oblak verpasst Schalke in der Saison 1976/77 erst am letzten Spieltag den Titel, und eigentlich soll und will der gebürtige Slowene seine Fußballkarriere in Gelsenkirchen beenden. Aber der finanziell stark angeschlagene Club kann es sich nicht leisten, die Option für zwei weitere Jahre zu ziehen. Der Spielmacher Oblak ist Schalke zu teuer geworden.

Geboren: 27. Mai 1947
in Ljubljana (ehem. Jugoslawien)
Spieler auf Schalke: 1975–1977
Pflichtspiele für Schalke:
52 (6 Tore)
Erfolge mit Schalke:
Vizemeister (1977)
A-Länderspiele: 50 (8 Tore)
für Jugoslawien

BUNDES
LIGA

IVAN RAKITIĆ

Als Ivan Rakitić zu Beginn der Saison 2007/08 vom FC Basel zu den Knappen kommt, ist er gerade 19 Jahre alt. In Gelsenkirchen setzt man allerdings große Hoffnungen in den in der Schweiz geborenen Kroaten und zahlt nicht nur satte fünf Millionen Euro Ablöse an die Eidgenossen, sondern stattet die Nachwuchshoffnung auch direkt mit einem Vierjahresvertrag aus – und das, obwohl Schalke im offensiven Mittelfeld bereits einen talentierten Schützling in den eigenen Reihen hat: den 18-jährigen Mesut Özil.

Rakitić selbst fühlt sich in seiner Rolle als vermeintlicher Lincoln-Nachfolger sichtlich wohl und spielt fortan mit dessen alter Trikotnummer zehn. Tatsächlich kann der Neuzugang nach kurzer Zeit schon das eine oder andere Ausrufezeichen setzen: Am ersten Spieltag rettet er mit seinem Treffer zum 2:2-Endstand gleich mal einen Punkt beim amtierenden Deutschen Meister aus Stuttgart, nur wenige Wochen später erzielt Rakitić das Führungstor gegen die Bayern aus München.

> **Der Spezialist für »Tore aus dem Nichts«.**

Doch Ivan Rakitić macht nicht nur auf dem Platz von sich reden, sondern auch abseits davon. Die Boulevardpresse berichtet von Allüren, die dem jungen Mann in Gelsenkirchen zunehmend weniger Freunde bescheren. So erfährt man, dass Rakitić seinen Friseur eigens aus Basel einfliegen und sich Namen und Geburtsdatum seines Bruders auf den Arm tätowieren lässt. Möglicherweise alles weniger der Rede wert, wenn Rakitić auf dem Platz auch Einsatz zeigen würde. Doch dem Mittefeldspieler wird angekreidet, zu wenig für die königsblauen Vereinsfarben zu laufen. Ihrem Unmut über die mangelnde Kampfbereitschaft machen immer mehr Fans durch Pfiffe Luft. Und als Rakitić dann vor dem wichtigen Champions-League-Spiel gegen Rosenborg Trondheim lieber in die Disco als ins Bett geht, wird er von Trainer Mirko Slomka für die Partie kurzerhand aus dem Kader geworfen.

Zur Legende wird der Spezialist für »Tore aus dem Nichts« dennoch – durch ein einziges Spiel: das emotionsgeladene Revierderby am 26. Februar 2010 in der heimischen Veltins-Arena. Kurz nach der Pause verursacht Rakitić einen Elfmeter, den der Dortmunder Nuri Sahin zum zwischenzeitlichen 0:1 nutzt. Als Benedikt Höwedes ausgleicht, scheint das Derby schiedlich-friedlich Unentschieden zu enden. Doch diese Rechnung hat man ohne Ivan Rakitić gemacht. Der brennt darauf, seinen Fehler auszubügeln. Und wie er das tut! Nach schöner Vorarbeit von Edu hält Rakitić in der 83. Minute aus 20 Metern drauf, schlenzt die Kugel mit der Innenseite wunderbar rechts oben in den Winkel und schenkt Schalke so den nicht mehr für möglich gehaltenen Derbysieg. Ein Tor, das bleibt.

Geboren: 10. März 1988 in Rheinfelden (Schweiz)
Spieler auf Schalke: 2007–2011
Pflichtspiele für Schalke: 135 (16 Tore)
Erfolge mit Schalke: Vizemeister (2010), Champions-League-Viertelfinalist (2008)
A-Länderspiele: 44 (8 Tore) für Kroatien

ANDREAS MÖLLER

Schon immer hat er polarisiert – so auch bei seiner Ankunft auf Schalke. Natürlich ist Andreas Möller ein begnadeter Fußballer. Ein Regisseur der Extraklasse. Er weiß Spielsituationen zu lesen, und wenn er seinen »Möller-Turbo« einschaltet, ist er mit dem Ball am Fuß blitzschnell unterwegs.

Andy Möller hat für Juventus Turin gespielt, 85-mal für die deutsche Nationalmannschaft, und er hat den Champions-League-Pokal nach Dortmund geholt. Doch trotz aller Erfolge ist er nie unumstritten gewesen. Möller gilt als »Weichei«, als »Heulsuse« oder »Schwalbenkönig«. Sein Umgang mit den Fans ist oft mehr als ungeschickt. Und für das Gros des Schalker Anhangs kommt noch ein besonderes Problem hinzu: Als Rudi Assauer den Mittelfeldspieler aus Dortmund verpflichtet, personifiziert Möller den Erzfeind wie kein anderer.

Die Reaktion auf den Wechsel von Gelb-Schwarz zu Königsblau löst panische Reaktionen aus: Hunderte Schalker geben ihre Dauerkarten ab und treten aus dem Verein aus. Zwar ist allen bewusst, dass Möller trotz seines Alters sportlich über jeden Zweifel erhaben ist. Aber den Spieler, den man in den Derbys jahrelang gnadenlos ausgepfiffen hat, will in Gelsenkirchen niemand sehen. So begleiten zahlreiche unschöne Transparente die ersten Heimspiele der Saison 2000/01.

Doch was niemand für möglich gehalten hat, tritt ein. Der Filigrantechniker Möller krempelt die Ärmel hoch und kämpft sich in die königsblauen Herzen. Eine der grandiosesten Schalker Bundesligaspielzeiten nimmt ihren Lauf und findet am 23. September 2000 einen ersten vorläufigen Höhepunkt. Schalke gewinnt dank eines glänzend aufgelegten Andy Möllers das Derby in Dortmund mit 4:0. Ausgerechnet in jenem Stadion, das Möller einmal als »sein Wohnzimmer« bezeichnet hat. Die Nordtribüne im Westfalenstadion, dort wo der Schalker Anhang feiert, steht Kopf und skandiert nach Spielende »An-dy! An-dy!«. An diesem Nachmittag ist Möller auf Schalke angekommen.

Der irre Wandel des personifizierten Erzfeinds.

Hätte Schalke nicht am letzten Spieltag dieser Saison auf schlimme Weise noch den Meistertitel an Bayern München verloren, der einstige »Erzfeind« Möller wäre in Gelsenkirchen wohl unsterblich geworden. Und ein bisschen wird er es dann doch: Denn mit dem Gewinn des DFB-Pokals eine Woche später holt er mit Schalke nach 29 langen Jahren endlich wieder einen nationalen Titel. Mit der Verteidigung des Cups ein Jahr später krönt er seine Zeit in Königsblau.

Andreas Möllers Ballbehandlung bleibt unvergessen. Seine Pässe in den freien Raum auf das kongeniale Sturmduo Ebbe Sand und Èmile Mpenza lassen die Massen träumen. Möller kann Fußballspiele lenken wie kaum ein anderer, er ist der überragende Spielgestalter seiner Zeit. Bis zum Ende der Saison 2002/03 absolviert er insgesamt 86 Bundesligaspiele für Schalke und schießt dabei sechs Tore. Dass er nicht nur schön spielt, sondern von Anfang an auch kämpferisch überzeugt, glättet nach und nach so manche Woge auf den Rängen. Andy Möllers Transfer zu Schalke ist unumstritten der spektakulärste der langen Vereinsgeschichte, gleichzeitig aber auch einer der wertvollsten.

Geboren: 2. September 1967 in Frankfurt

Spieler auf Schalke: 2000–2003

Pflichtspiele für Schalke: 111 (11 Tore)

Erfolge mit Schalke: DFB-Pokalsieger (2001, 2002), Vizemeister (2001)

A-Länderspiele: 85 (29 Tore)

HANNES BONGARTZ

Was sich Günter »Oskar« Siebert nicht so alles ausdenkt: Im Sommer 1974 etwa erfindet Schalkes Präsident die »Bongartz-Mark«. Eine halbe Saison lang erhöht Siebert die Stehplatzkartenpreise um eine, die Sitzplatztickets um zwei Mark. Aus dieser Maßnahme erhofft er sich einen Erlös von knapp 450 000 Mark, mit dem er den Transfer des Wattenscheider Mittelfeldspielers Hannes Bongartz realisieren möchte. Das restliche Geld für die vom Regionalligisten geforderte stattliche Ablösesumme von 770 000 Mark hat Schalke flüssig.

Der »Spargeltarzan«, wie Bongartz aufgrund seiner langen dürren Beine genannt wird, füllt die Lücke, die der durch den Bundesligaskandal ausgelöste Abgang von Regisseur Heinz van Haaren zwei Jahre zuvor hinterlassen hat – und mehr als das. Bongartz führt die Königsblauen zu neuen Höhenflügen. Er weiß das Spiel zu führen und setzt die Flügelflitzer Abramczik und Kremers so ein, dass diese Stürmer Fischer optimal bedienen können.

Mit Bongartz findet Schalke zurück ins internationale Geschäft: 1977 wird man Vizemeister und siegt in der Saison beim FC Bayern München deutlich mit 7:0. Es scheinen goldene Zeiten im Berger Feld anzubrechen – doch 1978 schon verlässt Bongartz den Club. Urplötzlich. Finanzielle und zwischenmenschliche Gründe geben den Ausschlag. Leider.

Geboren: 3. Oktober 1951 in Bonn
Spieler auf Schalke: 1974–1978
Pflichtspiele für Schalke:
139 (28 Tore)
Erfolge mit Schalke:
Vizemeister (1977)
A-Länderspiele: 4 (kein Tor)

HELDEN DER NORDKURVE

adidas

GERALD ASAMOAH

Leicht hat es Gerald Asamoah nie gehabt. Als Kind in Ghana nicht, und besser wird es auch nicht, als er im Alter von elf Jahren nach Deutschland kommt. Doch wie in Mampong weiß sich Asamoah auch auf den Fußballplätzen in der neuen Heimat durchzusetzen. In seiner Zeit bei Hannover 96 wird dem Jungprofi eine Herzkrankheit diagnostiziert. Das Karierende droht, aber »Asa« gibt nicht auf. Er hat die rassistischen Schmähungen in und neben deutschen Stadien überstanden, ebenso wie jenen Rückschlag, als er kurz nach einer schweren Knieverletzung im UEFA-Cup-Spiel Schalkes gegen Nancy einen Schienbeinbruch erleidet. Auch da lässt Gerald Asamoah sich nicht hängen.

»Asa« ist ein durch und durch positiv denkender Mensch. Mit seiner Ausstrahlung und seinem gewinnenden Lächeln beglückt er seine Mitspieler. Vor allem aber ist Gerald Asamoah ein Kämpfer. Er gibt nie auf. Er jammert nicht. Er packt an und rackert bis zum Umfallen.

Sein gewinnendes Lächeln beglückt die Menschen.

Insbesondere in den Revier-Derbys gegen Dortmund fightet Asamoah und geht bis an die Grenze des Erlaubten, auch wenn er in diesen Spielen immer wieder mal rassistische Rufe über sich ergehen lassen muss. Aber »Asa« bleibt auf dem Platz stets fair, und das macht ihn zum Kultkicker: Die Fans lieben ihn, und er liebt Schalke. Seine Bekenntnisse zum Verein, seine spitzen Äußerungen zum Rivalen aus Dortmund, seine Tränen nach der verpassten Meisterschaft 2001 – all das hat ihm einen besonderen Platz in den Herzen der Anhänger beschert.

Gerald Asamoah gibt aber nicht nur Schalke, sondern auch der Fußball-Nationalmannschaft ein multikulturelles Gesicht. Zwei Jahre nach seinem Debüt auf Schalke wird er der »schwärzeste deutsche Nationalspieler«, wie er lächelnd sagt. 2002 schafft er mit der DFB-Auswahl die Vizeweltmeisterschaft und bei der WM 2006 in Deutschland den dritten Platz.

Auch an den Erfolgen der jüngeren Schalker Vereinsgeschichte ist Asamoah beteiligt, genauso wie an einer der bittersten Niederlagen. Im Jahre 2007 bedeutet das 0:2 im Derby gegen den BVB zwei Spieltage vor Saisonende Schalkes Aus im Kampf um die Meisterschaft. Vor dieser Partie hat Asamoah vollmundig angekündigt, im Falle des Titelgewinns den Weg von Dortmund nach Schalke über die Autobahn zu Fuß zurückzulegen. Doch dazu kommt es leider nicht. Fünf Jahre später, am 5. Juni 2012, wird »Asa« bei der Jahreshauptversammlung in die Schalker »Ehrenkabine« aufgenommen. 3000 Mitglieder lassen den sichtlich gerührten Spieler noch einmal all ihre Sympathien spüren und feiern ihn mit dem berühmten Sprechchor: »Ge-rald A-sa-mo-ah, o-o-o-o-hooo!«.

Geboren: 3. Oktober 1978 in Mampong (Ghana)
Spieler auf Schalke: 1999–2010
Pflichtspiele für Schalke: 378 (66 Tore)
Erfolge mit Schalke: DFB-Ligapokalsieger (2005), DFB-Pokalsieger (2001, 2002), Vizemeister (2001, 2005, 2007, 2010), UEFA-Intertoto-Cup-Sieger (2003, 2004)
A-Länderspiele: 43 (6 Tore)

MIKE BÜSKENS

Als seine Mannschaftskollegen nach dem Gewinn des DFB-Pokals 2001, dem ersten Titel für Schalke seit 29 Jahren, schon in den Katakomben des Berliner Olympiastadions feiern, läuft Mike Büskens noch immer über den Rasen und bejubelt den Sieg mit den Fans. Vor der Kurve steht er mit Oliver Reck und genießt die »Mike Büs-kens, o-ho«-Schlachtrufe, auch weil ihm bewusst ist, wie selten solche Momente im Leben eines Spielers und auch in dem der Anhänger sind. »Bujo« ist nie nur Spieler, sondern immer auch Fan gewesen. Für diese Momente liebt er den Fußball, und für diese Momente lieben ihn die Schalker Fans.

> **»Bujo« weiß, wie Schalkes Fans empfinden.**

Zehn Jahre spielt Mike Büskens auf Schalke, er gehört zum Stamm der legendären »Eurofighter«. Die Auftritte im UEFA-Cup der Saison 1996/97 sind Spiele für die Ewigkeit, Büskens' wichtiges Tor zum zwischenzeitlichen 1:1 beim FC Brügge ist eine Legende für sich: Nachdem eine Ecke per Kopf aus dem Strafraum befördert worden ist, nimmt Mike den Ball dropkick und drischt ihn aus 20 Metern unhaltbar ins obere Eck. Als er nach dem Spiel von einem Fernsehreporter zu diesem Traumtor befragt wird, antwortet er: »So ein Ball geht in den Winkel oder zur Eckfahne. Ich hab mich für den Winkel entschieden!«
In der folgenden Runde spielt Schalke in Valencia, und wieder steht Mike Büskens im Mittelpunkt: Nach Spielende feiern 6000 gutgelaunte, mitgereiste Fans mit ihm seinen 29. Geburtstag. »Hap-py Birth-day, lie-ber Bu-jo« hallt es noch lange nach Spielschluss durch das Estadio de Mestalla.

All das sind unvergessene Momente, die Mike Büskens zu einem Liebling der Kurve gemacht haben. Seine konstanten, tadellosen Leistungen auf dem Platz taten ein Übriges. 2002 spielt Mike Büskens noch ein Jahr in Schalkes zweiter Mannschaft, die er dann als Trainer übernimmt. 2008 und 2009 wird er zeitweise Chefcoach und später Co-Trainer des Bundesligateams, dann kehrt er Schalke den Rücken. Mit Greuther Fürth steigt Büskens 2012 in die Erste Bundesliga auf.

Es sind nicht wenige Schalke-Fans, die sich wünschen, dass Mike Büskens irgendwann einmal als Cheftrainer ins Berger Feld zurückkehrt. Weil sie wissen, dass er nicht nur einen großen Fußballsachverstand hat, sondern weil er auch immer ein Herz für die Menschen in der Kurve gehabt hat. Das hat man dem »Bujo« auf Schalke nicht vergessen.

Geboren: 19. März 1968 in Düsseldorf
Spieler auf Schalke: 1992–2002
Pflichtspiele für Schalke: 302 (17 Tore)
Erfolge mit Schalke: UEFA-Pokalsieger (1997), DFB-Pokalsieger (2001, 2002), Vizemeister (2001)

ELTINS

Ráctiv

YVES EIGENRAUCH

Eigentlich hat sich Yves Eigenrauch nie richtig für »seinen« Sport interessiert. Aber weil er mit Talent gesegnet und ein fleißiger Charakter ist, schafft er es am Ende irgendwie dann doch, Berufsfußballer auf Schalke zu werden. »Ich war einfach zum richtigen Zeitpunkt am richtigen Ort«, hat er seinen Werdegang mal in einem Interview mit dem Berliner *Tagesspiegel* zurückhaltend beschrieben. Doch nicht nur das: In seiner Zeit als Profi erlangt Yves Eigenrauch einen Kultstatus, der ihm bis heute anhaftet.

Wenn Eigenrauch im Parkstadion mal wieder einem seiner heranstürmenden Gegenspieler den Ball abgenommen hat und bedächtig auf seiner rechten Seite in Richtung des gegnerischen Strafraums läuft, begleitet ihn ein langgezogenes »Yyyyyyyyyvvvvvvvv« von den Tribünen. Eigenrauch hat diesen Kult um seine Person nie verstanden. Freimütig bekennt er, lieber Bücher zu lesen und Kunstausstellungen zu besuchen, als sich Fußballspiele im Fernsehen anzuschauen. Während seine Kollegen mit der S-Klasse auf das Trainingsgelände gefahren kommen, radelt Yves mit dem Fahrrad vor.

All dies wäre vielleicht längst in Vergessenheit geraten, hätte es da nicht diese Begegnung gegen Inter Mailand am 17. März 1998 gegeben. Im Jahr zuvor hatte Eigenrauch mit Schalke gegen den italienischen Top-Club den UEFA-Pokal gewonnen und sich kurz darauf einer schweren Knieoperation unterziehen müssen. Jetzt hat Schalke die erste Partie im Viertelfinale knapp mit 0:1 verloren, und da zwei Innenverteidiger für das Rückspiel ausfallen, plant Trainer Huub Stevens trotz der gerade erst auskurierten Verletzung mit Eigenrauch als zentralem Abwehrakteur.

»Yyyyyyyyyvvvvvvvv« radelt mit dem Fahrrad vor.

Sein Gegenspieler ist der Brasilianer Ronaldo, für den Real Madrid gerade die sagenhafte Summe von 125 Millionen Mark geboten hat. Doch das interessiert Yves Eigenrauch nicht. Auf die Frage eines Reporters, wie er diesen Superstürmer stoppen wolle, entgegnet Eigenrauch, dass er mit dem Namen seines Gegenspielers nichts anfangen könne. »Eigenrauch kennt Ronaldo nicht«, lautet tags darauf die Schlagzeile, und die Legendenbildung nimmt ihren Lauf.

Als ein völlig entnervter Ronaldo in der 113. Minute ausgewechselt wird, brüllt das Parkstadion seit Minuten bereits: »Ge-gen Yyyy-vvvv hast du kei-ne Chance!« »Das Phänomen«, wie Ronaldo genannt wird, bekommt an diesem Abend keines seiner acht Beine, die ihm Thomas Linke nach dem Hinspiel angedichtet hat, auf den Rasen. Yves Eigenrauch aber wird für seine Leistung belohnt: Er wird von Teamchef Rudi Völler in die Nationalmannschaft berufen, zu einem Einsatz langt es jedoch nicht.

Geboren: 24. April 1971 in Minden
Spieler auf Schalke: 1990–2002
Pflichtspiele für Schalke: 269 (5 Tore)
Erfolge mit Schalke: UEFA-Pokalsieger (1997), DFB-Pokalsieger (2001, 2002), Vizemeister (2001)

YOURI MULDER

Gleich mit seinem ersten Auftritt vor heimischer Kulisse spielt sich Youri Mulder in die Herzen der Schalker Fans. Beim hartumkämpften 1:0-Erfolg über den Rivalen aus Dortmund gelingt dem Holländer in der 70. Minute der umjubelte Siegtreffer. Als Stürmer, der um jeden Zentimeter Rasen ringt und keinem Zweikampf aus dem Wege geht, liefert Mulder sich an diesem Samstagnachmittag im August 1993 mit dem Dortmunder Verteidiger Michael Schulz ein packendes Duell und entscheidet es schlussendlich für sich. Anschließend diktiert ein bestens gelaunter Youri Mulder den Journalisten in die Notizblöcke, er wolle mit Schalke eines Tages Deutscher Meister werden.

Dass es nicht dazu kommt, liegt zum einen an dem schweren Kreuzbandriss im Knie, den sich Mulder 1997 vor dem UEFA-Pokal-Halbfinalspiel gegen CD Teneriffa zuzieht und von dem er sich nie wieder richtig erholen wird. Zum anderem nimmt Mulder, als die Meisterschaft 2001 zum Greifen nah ist, hinter Ebbe Sand und Emile Mpenza längst nur noch den Status eines Ergänzungsspielers ein.

> **Verrückt – im besten Sinne des Wortes.**

Youri hat sein Talent geerbt. Schon sein Vater Jan ist in seiner Zeit beim RSC Anderlecht holländischer Nationalspieler gewesen. Zwar schafft der Sohn am Ende ein paar mehr Einsätze in der »Elftal«, aber auch hier steht einer größeren internationalen Karriere das empfindliche Knie Mulders entgegen.

Unvergessen bleiben seine Einsätze im UEFA-Pokal der Spielzeit 1996/97, an dessen Ende der größte Erfolg der Vereinsgeschichte steht. Als Teil der legendären »Eurofighter« holt Youri Mulder den Pott in den Pott und steuert bis zum Halbfinale, an dem er wegen seiner Verletzung nicht mehr teilnehmen kann, drei Tore auf dem Weg zum Titel bei. Sein wichtigster Treffer gelingt ihm dabei zum 1:0 in Valencia, als er den Ball eiskalt an Star-Torwart Andoni Zubizarreta vorbei einschiebt. Als die Mannschaft im Endspiel dann schließlich Inter Mailand schlägt, sitzt Youri Mulder auf der Tribüne, fiebert, leidet und freut sich schließlich so, als ob er selbst auf dem Rasen des Giuseppe-Meazza-Stadions gestanden hätte.

Mulder ist ein positiv Verrückter, der in seinen neun Jahren in Gelsenkirchen vom Holländer zum Schalker wird. Wie heftig die Infektion mit dem königsblauen Virus ist, zeigt sich am besten, als Schalke 2012 im Achtelfinale des UEFA-Pokals gegen Mulders »Heimatverein« Twente Enschede anzutreten hat. Dort hat er seine Profikarriere Anfang der 1990er-Jahre begonnen und arbeitet inzwischen als Co-Trainer des Clubs. Dennoch freut er sich am Ende über das Weiterkommen »seines« FC Schalke.

Geboren: 23. März 1969 in Brüssel (Belgien)
Spieler auf Schalke: 1993–2002
Pflichtspiele für Schalke: 202 (44 Tore)
Erfolge mit Schalke: UEFA-Pokalsieger (1997), DFB-Pokalsieger (2001, 2002), Vizemeister (2001)
A-Länderspiele: 9 (3 Tore) für die Niederlande

VICTO
Versicherun

CHARLY NEUMANN

Es gibt allenfalls eine Handvoll Menschen, die so für und mit Schalke gelebt haben wie Charly Neumann. Als 19-jähriger Bäckerlehrling wird er 1950 Vereinsmitglied und darf Ernst Kuzorra die Brötchen bringen. Ende der 1960er-Jahre bindet Günter Siebert Neumann in die Schalker Jugendarbeit ein, unter Cheftrainer Max Merkel steigt er 1976 zum Betreuer der Profimannschaft auf. Als Schalke 1981 erstmals absteigt und Charly vor laufender Kamera wie ein Schlosshund heult, nimmt der große Mythos vom »treuen Charly« seinen Ursprung.

In dieser Zeit wird Neumann zum Bindeglied zwischen Verein und Fans, zum Idol der Kurve. Mal verschenkt er Autogrammkarten, mal versucht er, die Jungs auf den Stehrängen zu beruhigen. Unvergessen dabei sein Auftritt bei einem Derby in Dortmund, dessen Anhängern er auf einem Plakat »Schalker Grüße« zukommen lässt. Neumann versteht die Sprache der Fans, und die Nordkurve feiert »ihren« Charly.

2003 ernennt man ihn zum Mitglied des Ehrenpräsidiums, 2006 wird eine Brücke im Berger Feld nach ihm benannt, und 2009 wird Karl-Heinz »Charly« Neumann schließlich in die Schalker »Ehrenkabine« aufgenommen – obwohl er weder Spieler noch Trainer auf Schalke gewesen ist. Als er im November 2008 stirbt, erreichen Schalke Beileidsbekundungen von Fans aus ganz Deutschland.

Geboren: 29. Juli 1931 in Bochum
Gestorben: 11. November 2008 in Wulfen

DIRK OBERSCHULTE-BECKMANN

Dirk Oberschulte genannt Beckmann ist den meisten Stadiongängern nur unter seinem Künstlernamen »DJ Dirk« ein Begriff. Der in Wanne-Eickel geborene Oberschulte ist ein Mann der Kurve, der aus der Liebe zum FC Schalke seinen Beruf gemacht hat. Als Oberschulte vor knapp 20 Jahren, in der Saison 1993/94, das erste Mal nicht im Block, sondern als Stadionsprecher im Innenraum steht, kann niemand im weiten Rund ahnen, dass seine Stimme einmal Kultcharakter auf Schalke erlangen wird.

Das liegt auch daran, dass Oberschulte nie die Nähe zur Kurve verloren hat, in deren Mitte man ihn bei fast jedem Auswärtsspiel antrifft – internationale Auftritte eingeschlossen. Zudem merkt man ihm bei jedem Satz an, dass sein Herz durch und durch Königsblau schlägt. Doch bei aller Liebe zum S04 verliert er – und das unterscheidet ihn von vielen anderen Stadionsprechern – nie den Respekt vor dem Gegner.

Als ehemaliger Animateur hat sich Oberschulte das Rüstzeug für seine heutige Aufgabe angeeignet. Er weiß, wie er Stimmung in »seinem Wohnzimmer« erzeugen kann. Von Ronaldo über Di Ospeo bis Messi – Dirk hat sie alle hautnah erlebt und den Schalker Fans vorgestellt. Seit 2011 ist Dirk Oberschulte fester Angestellter seiner großen Liebe. Und nach Meinung der meisten Fans darf er es noch lange bleiben. Denn DJ Dirk ist die Stimme Schalkes.

Geboren: 29. August 1961 in Wanne-Eickel
Stadionsprecher auf Schalke: 1994–2004 und seit 2008

adidas
VICTORIA
20

JIŘÍ NĚMEC

Er dürfte wohl der erste Spieler auf der sogenannten Sechser-Position gewesen sein, der wahren Kultstatus erlangt hat – sowohl in der Bundesliga als auch in der Nationalmannschaft seines Heimatlandes Tschechien: Jiří Němec spielt diese Position so perfekt, dass sogar sein ungleich berühmterer Landsmann, der ehemalige Juve-Star Pavel Nedvěd, auf die Frage eines Journalisten, von welchem Spieler er noch etwas lernen könne, antwortet: »von Jiří Němec«.

Es ist ein großes Vergnügen, dem aus Pacov stammenden Mittelfeld-As dabei zuzusehen, wie er sich im Schalke-Trikot reinhängt, den Ball erobert und so abschirmt, dass es kaum einem seiner Gegenspieler gelingt, den Fuß noch an das Spielgerät zu bringen. Seine intelligente Spieleröffnung, seine Fähigkeit ein Match zu lesen und es strategisch zu leiten – welch ein Genuss! Sogar Rudi Assauer und Huub Stevens – beide öfter mal am granteln – haben ihre helle Freude am genialen Handeln des rastlosen Němec und tun dies auch gern kund. Rudi Assauer lässt die staunende Presse einmal sogar wissen: »Ich bin Fan von Jiří Němec!«

Von seinen Fans wird Jiří Němec liebevoll »Der Meister« genannt. In neun Jahren absolviert der Tscheche 257 Bundesligaspiele auf Schalke, erzielt dabei jedoch nur sechs Tore. Aber auch dadurch erlangt Jiří Kultstatus. Denn augenscheinlich sucht der Stratege Němec meist einen auf dem Platz besser postierten Spieler, was schließlich die Macher des Fanzines *Schalke Unser* dazu veranlasst, Aufkleber mit dem Text »Jiří schieß doch mal« drucken zu lassen. Aufkleber, die man nach kurzer Zeit in jedem Winkel des Parkstadions finden kann.

Wenn Jiří Němec mit seinem verwegenen Dreitagebart und der Vokuhilafrisur beim Einlaufen schweigend stets als letzter Spieler den Rasen im Parkstadion betritt, wirkt er wie untrainiert und unausgeschlafen. Ein Trugschluss, dem so mancher Gegenspieler erliegt. Aufgrund seiner strikten Weigerung Medienvertretern Interviews zu geben, lieben ihn die Fans. Schließlich sei er, hat Němec die Leute einmal wissen lassen, nicht zum »Reden schwingen« in Gelsenkirchen, sondern zum Fußballspielen.

»Der Meister«, der zum Schweigen neigt.

1997 gewinnt Schalke mit einem überragend aufgelegten Němec den UEFA-Pokal. Sein untadeliges Verhalten macht ihn zum Liebling aller Schalker Fans bis heute. Dass der heimatverbundene Tscheche die königsblau-weiße Fangemeinde Zeit seiner Karriere auf Schalke alljährlich damit aufschreckt, wieder zurück nach Prag gehen zu wollen, wird ihm verziehen. Erst im Jahre 2002 entschließt sich »Der Meister« im Alter von 36 Jahren dazu, Schalke zu verlassen und nach Tschechien heimzukehren.

Geboren: 15. Mai 1966 in Pacov (Tschechoslowakei, heute: Tschechien)
Spieler auf Schalke: 1993–2002
Pflichtspiele für Schalke: 307 (8 Tore)
Erfolge mit Schalke: UEFA-Pokalsieger (1997), DFB-Pokalsieger (2001, 2002)
A-Länderspiele: 84 (1 Tor) für die Tschechoslowakei und Tschechien

KLAUS TÄUBER

»Von Zimperlichkeit halte ich nichts. Ich teile aus und stecke ein. Das gehört zum Geschäft.« Klaus Täuber ist hart im Nehmen – und im Geben. Seine Art, Fußball zu spielen, ist robust. Eine Einstellung, die gut beim Schalker Anhang ankommt, weniger gut jedoch bei den meisten von Täubers Gegenspielern. Obwohl der »Boxer« nur eine einzige Rote Karte in seinen vier Jahren auf Schalke kassiert, genießt er einen schlimmen Ruf. In einer Umfrage des Magazins *Stern* unter den Spielern der höchsten deutschen Spielklasse kürt man ihn zum »Klopper der Liga«. Wobei Täuber nicht vorsätzlich unfair spielt, er weiß seinen kernigen Körper eben geschickt einzusetzen.

Die rustikale Spielweise verschafft dem bulligen Angreifer schnell Respekt bei den Abwehrspielern der Zweiten Liga und nicht zuletzt auch auf den Rängen des Parkstadions. In seiner ersten Spielzeit 1983/84 gelingen ihm auf Anhieb 19 Tore, und Schalke steigt mit Täuber auf. Dabei brechen während des letzten Saisonspiels in Gelsenkirchen alle Dämme: Tausende Fans stehen schon Minuten vor dem Ende um das Spielfeld herum und warten auf den Abpfiff, um mit ihren Spielern den ersehnten Wiederaufstieg zu feiern. Als der Platz gestürmt wird, erwischt es Publikumsliebling Täuber als einen der ersten. Binnen einer Minute wird der Stürmer von den Fans entkleidet – bis auf die Unterhose. Sehr zum Entsetzen des Schiedsrichters, denn der hatte die Partie noch gar nicht beendet, sondern lediglich einen Freistoß gepfiffen.

Als der Rasen von den Menschen wieder befreit ist und die Partie nach zehnminütiger Unterbrechung fortgesetzt werden kann, hat der »Boxer« ein geliehenes Trikot und viel zu kleine, vom Zeugwart ausgeliehene Schuhe an. Für Täuber und seine Teamkollegen ist das Platzstürmen nicht Ungewöhnliches. Erst drei Wochen zuvor hat Täuber so eine »pitch invasion« nach dem wohl spektakulärsten Spiel der deutschen Pokalgeschichte miterlebt. Beim 6:6 gegen Bayern München hat der Mittelstürmer die Räume für den Teenager Olaf Thon frei gemacht, der daraufhin zum Pokalhelden aufsteigt, da ihm als Mann hinter den Spitzen drei Tore gelingen.

Der »Boxer« spielt fairer als sein Ruf.

Klaus Täuber steht aber nicht nur für aufregenden Fußball, er bildet mit seinen Brüdern Jürgen und Stephan, die ebenfalls in der Bundesliga für den FC Schalke 04 spielen (Jürgen 17 Spiele 1981, Stephan acht Spiele in der Saison 1986/87) das bis heute einzige Brüder-Trio in der höchsten deutschen Spielklasse. Und obwohl Täuber in Franken geboren und aufgewachsen ist, sieht er sich heute als »Schalker durch und durch«. 1986 heiratet er sogar im Palisander-Raum des Parkstadions.

Von Verletzungen bleibt Täuber in seiner Karriere nicht verschont. Sein harter Körpereinsatz zieht Schien- und Wadenbeinbrüche sowie komplizierte Bänderrisse nach sich. Eine Verletzung besiegelt auch das Karriereende des »Boxers«. Nachdem Täuber Schalke 1987 Richtung Bayer Leverkusen verlassen hat, holt er mit der Werks-Elf 1988 überraschend den UEFA-Pokal, muss aber im selben Jahr wegen einer im Training erlittenen schweren Bandscheibenverletzung im Halswirbelbereich seine Schuhe für immer an den Nagel hängen.

Geboren: 17. Januar 1958 in Erlangen
Spieler auf Schalke: 1983–1987
Pflichtspiele für Schalke: 138 (64 Tore)
Erfolge mit Schalke: Bundesliga-Aufstieg (1984)
Weitere Erfolge: UEFA-Pokalsieger (1988 mit Bayer Leverkusen)

SCHALKE 04

AKI LÜTKEBOHMERT

In der Schalker Jahrhundertelf von 1972 ist er die Lunge. Unermüdlich läuft Aki Lütkebohmert seit 1968 im Mittelfeld des Clubs, Kilometer um Kilometer, ausgestattet mit einer schier endlos scheinenden Kondition. Stan Libuda, Klaus Fischer und Erwin Kremers profitieren von den präzisen Zuspielen des jungen Mannes, dessen Weitschüsse in der Bundesliga gefürchtet sind. Die heruntergelassenen Stutzen sind sein Markenzeichen, mit Schienbeinschonern fühlt sich der Mittelfeldwirbelwind nicht wohl. Ein weiteres Markenzeichen Lütkebohmerts sind seine schulterlangen, blonden Locken, die ihn zum erklärten Liebling des weiblichen Anhangs machen – an der Seite seiner Freunde Norbert Nigbur sowie Helmut und Erwin Kremers.

Herbert Lütkebohmert ist ein Fußballbesessener, der den Rummel um seine Person nicht besonders mag. Bodenständig und bescheiden gibt er sich im Privatleben, das er zurückgezogen in seinem Münsterländer Heimatort Heiden führt. Nur dort fühlt er sich nach dem täglichen Rummel auf Schalke richtig wohl. Am liebsten verbringt er seine Zeit zu Hause im Kreis seiner Familie samt Hund, oder er trifft sich mit Freunden beim Kartenspielen. Nie kehrt der lebensfrohe und streng gläubige Familienvater seinen Mitmenschen gegenüber den Bundesligastar-Status heraus.

Doch Lütkebohmert hat schwer unter den Folgen des Bundesligaskandals von 1971 zu leiden, als nachgewiesen wird, dass Schalke ein Ligaspiel gegen Bielefeld verschoben hat. Sieben Jahre lang kann er nicht über die größte Dummheit seines Lebens sprechen, dass er Geld eingestrichen hat für eine Schalker Niederlage. Dabei hat Lütkebohmert noch während des Spiels zweimal gegen das Bielefelder Torgestänge geschossen. Doch falsch beraten rutscht der gutgläubige Mensch in den Sumpf des Bundesligaskandals. Für den gerade mal 23-Jährigen ist es zugleich das Ende einer möglicherweise großartigen Karriere.

Der Bundesligaskandal zerstört seine Karriere.

Drei Jahre nach dem Sündenfall will Bundestrainer Helmut Schön ihn sogar für die WM-Endrunde 1974 im eigenen Land nominieren, doch da legt der DFB sein Veto ein: ein Schalker Skandalsünder im Nationaldress – niemals! So wird Aki Lütkebohmert 1974 nicht Teil der Weltmeisterelf, und als einziger großer Erfolg seiner Laufbahn bleibt ihm der Pokalsieg von 1972. Im Finale gelingt ihm beim 5:0 über den 1. FC Kaiserslautern der Treffer zum 3:0. Im Oktober 1993 stirbt er im Alter von nur 45 Jahren. Im Angesicht des herannahenden Todes spricht er von einer Strafe Gottes. Für welche Sünde er mit dem frühen Abschied aus dieser Welt büßen musste, das behielt Aki Lütkebohmert für sich.

Geboren: 24. März 1948 in Heiden
Gestorben: 29. Oktober 1993 in Essen
Spieler auf Schalke: 1968–1979
Pflichtspiele für Schalke: 344 (32 Tore)
Erfolge mit Schalke: DFB-Pokalsieger (1972), Vizemeister (1972, 1977)

INGO ANDERBRÜGGE

Wenn der Schalker Anhang einen ehemaligen Spieler von Borussia Dortmund in seine Herzen schließt, muss schon Besonderes vorgefallen sein. Zu Schalke kommt Ingo Anderbrügge, als der Verein in der Zweiten Liga spielt. Als linker Mittelfeldspieler gelingen ihm gleich in seiner ersten Saison 14 Tore, mit denen er maßgeblich am Klassenerhalt von 1989 beteiligt ist. Als Anderbrügge dabei am vorletzten Spieltag im um den Ligaverbleib entscheidenden Spiel gegen Blau-Weiß 90 Berlin den Treffer zum 1:1-Ausgleich erzielt, ist er endgültig Schalker.

Seine Tore gegen Dortmund tun ein Übriges. Unvergessen ist Anderbrügges 1:0-Führungstreffer beim 5:2-Sieg 1991 mit dem schwächeren rechten Fuß: Wunderschön schlenzt er den Ball vom linken Strafraumeck über den BVB-Keeper hinweg ins lange rechte Toreck. 1997 drischt Anderbrügge im Derby der Europapokalgewinner mit seiner linken Klebe in der 86. Minute den Ball mit brachialer Gewalt in Dortmunds Tor hinein.

Anderbrügges wichtigster Treffer resultiert jedoch aus einer ruhenden Situation. 1997 verwandelt er im UEFA-Cup-Finale von Mailand einen Elfmeter. Er ist der – psychologisch bedeutsam – erste Schalker Schütze, und obwohl ihm vom Punkt weg in seinen elf Jahren in Königsblau 20 Elfmetertore gelingen – dieser eine Treffer von Ingo Anderbrügge bleibt einer für die Ewigkeit.

Geboren: 2. Januar 1964 in Datteln
Spieler auf Schalke: 1988–1999
Pflichtspiele für Schalke:
354 (88 Tore)
Erfolge mit Schalke: Bundesliga-Aufstieg (1991), UEFA-Pokalsieger (1997)

IKONEN

OLAF THON

Volksheld, Dribbelkönig, Eurofighter, Weltmeister, Jahrhundertspieler – unbestritten steht Olaf Thon mit den Schalker Legenden Ernst Kuzorra, Klaus Fischer und Stan Libuda auf einer Stufe. Und hätten ihn in seiner 19-jährigen Profikarriere nicht immer wieder schwere Verletzungen zurückgeworfen, wäre er vielleicht sogar der größte Schalker aller Zeiten geworden.

1983 debütiert Thon als 17-Jähriger beim 3:0 der ersten Mannschaft gegen den SC Charlottenburg in der Zweiten Liga. Zum Ende der Saison 1983/84 hat er keines der 38 Schalker Spiele versäumt und ist mit dabei erzielten 14 Treffern aus dem Kader nicht mehr wegzudenken. Dann kommt es am 2. Mai 1984 zu jenem Spiel, das Thon in ganz Deutschland berühmt macht: Einen Tag nach seinem 18. Geburtstag erzielt er im Halbfinale des DFB-Pokals beim 6:6 gegen den FC Bayern München ein Tor mit rechts, ein weiteres mit links sowie ein Kopfballtor und versetzt ganz Schalke in einen Ausnahmezustand. »Allein über dieses Spiel könnte ein Buch geschrieben werden«, sagt Olaf Thon. Es folgt eine Bilderbuchkarriere: Thon steigt mit Schalke in die Erste Bundesliga auf, debütiert mit 18 Jahren in der Nationalmannschaft und wird später mit dem FC Bayern dreimal Deutscher Meister.

Bei allem Erfolg ist »Thöni« stets bodenständig und ein heimatverbundener Mensch geblieben. Was auch ein Grund dafür ist, dass ihm die Schalker Fans die Erfolge an der Isar gönnen. Doch vom Tag des Wechsels an wird im Berger Feld davon geträumt, dass der Gelsenkirchener Junge wieder »nach Hause« kommt.

Dann kommt am 2. Mai 1984 dieses Spiel im Pokal ...

1994 gelingt Manager Rudi Assauer die ersehnte Rückholaktion – nach sechs Jahren in München und begünstigt durch eine Verletzung Thons. Genau wie bei den Bayern übernimmt der einstige Stürmer und ehemalige Mittelfeldspieler nun auch auf Schalke die Rolle des Abwehrstrategen und füllt sie – nach anfänglicher eigener Skepsis – mit einzigartiger Übersicht und Souveränität aus. Fair, zweikampfstark und mit hoher Passgenauigkeit schafft Thon es 1996, Schalke nach 19 Jahren wieder in den UEFA-Cup zu führen. Im Jahr darauf gewinnt der Club die Trophäe in Mailand gegen Inter – mit Thon. Ein Erfolg für die Ewigkeit und für ihn persönlich der eindrucksvollste Moment seiner Karriere – trotz der Meisterschaften mit Bayern München und des Weltmeistertitels 1990 mit Deutschland.

Gegen Ende seiner Karriere folgen weitere Genie-Streiche, etwa am 6. Spieltag der Saison 2000/01, beim furiosen 4:0 in Dortmund. Zum Leidwesen der Königsblauen ist dies sein letzter »Galaauftritt«. Nur eine Woche später verletzt sich Olaf Thon schwer und kann Schalke im Kampf um die Meisterschaft nicht mehr helfen.

Geboren: 1. Mai 1966 in Gelsenkirchen
Spieler auf Schalke: 1983–1988, 1994–2002
Pflichtspiele für Schalke: 384 (75 Tore)
Erfolge mit Schalke: Bundeslia-Aufstieg (1984), UEFA-Pokalsieger (1997), DFB-Pokalsieger (2001, 2002), Vizemeister (2001)
A-Länderspiele: 52 (3 Tore)

STAN LIBUDA

Reinhard »Stan« Libuda ist Legende. Wenn Stan sein Spiel aufzieht, liegen ihm die Leute zu Füßen. Er wird Stan gerufen, weil er den berühmten Stan-Matthews-Trick – rechts antäuschen, links vorbeigehen – besser beherrscht als der Erfinder selbst. Zwar wissen alle um diese Finte – und doch können seine Gegenspieler diesen »Zauberer am Ball« nicht aufhalten. Wenn sie denken, dass sie Libudas Ansinnen durchschaut haben, geht der einfach rechts an ihnen vorbei. »Liii-buuu-da« hallt es dann von den Rängen der alten Glückauf-Kampfbahn.

»An Jesus kommt keiner vorbei« steht in den 1960er-Jahren auf dem Plakat eines Predigers, der im Ruhrgebiet für seine Veranstaltungen wirbt. Der Legende nach ergänzt ein Fan dieses Motto um den Zusatz »außer Stan Libuda«. Darin dokumentiert sich die außerordentliche Wertschätzung der Anhänger für diesen genialen Fußballer, und dadurch wird Reinhard Libuda zum Mythos.

Jenseits des Fußballplatzes scheut Stan Libuda das Rampenlicht. Interviews zu geben ist ihm ein Gräuel, und wenn er wieder einmal zu einer Feier eingeladen wird, winkt er am liebsten ab. Sein Zuhause ist der Haverkamp, ein heruntergekommener Teil des Arbeiterviertels Gelsenkirchen-Bismarck. Zeit seines Lebens bleibt der schüchterne Ausnahmespieler hier wohnen und zeigt Menschen damit, dass er einer von ihnen ist. Auch das macht »Stan« zur Legende.

Seine größten sportlichen Erfolge feiert Libuda als Nationalspieler bei der Weltmeisterschaftsendrunde 1970 in Mexiko und mit der Schalker Mannschaft beim Pokalsieg 1972. Dass er 1966 mit einem unglaublichen Treffer aus 40 Metern Borussia Dortmund zum Europapokalerfolg schießt, verzeihen ihm die Schalker Anhänger nach seiner Rückkehr an den Schalker Markt schnell. Zu sehr weiß er sie durch sein trickreiches Spiel zu faszinieren.

Das überaus sensible Genie wird oft provoziert.

Doch es gibt auch viele schlechte Spiele des Reinhard Libuda. In der Regel hat das zwei Gründe: Zum einen mag er überhart einsteigende Gegenspieler nicht, zum anderen wird das überaus sensible Fußballgenie oft mit schlichten Sprüchen über seine Ehefrau Gisela von seinen Gegenspieler provoziert. Eine unschöne Taktik, die Libuda oft den Spaß nimmt an dem, was er am liebsten macht: Fußball spielen.

Ein letztes Mal durchziehen »Liii-buuu-da«-Rufe das Parkstadion am 27. August 1996 beim Bundesligaspiel gegen Bochum, zwei Tage nach seinem Tod. Mit 52 Jahren verlässt Reinhard »Stan« Libuda, der bis zu seiner schweren Krankheit die Spiele seiner Schalker im Stadion immer live verfolgt hat, die königsblaue Familie.

Geboren: 10. Oktober 1943 in Wendlinghausen
Gestorben: 25. August 1996 in Gelsenkirchen
Spieler auf Schalke: 1961–1965, 1968–1972, 1973–1976
Pflichtspiele für Schalke: 254 (35 Tore)
Erfolge mit Schalke: DFB-Pokalsieger (1972), Vizemeister (1972), WM-Dritter (1970)
Weitere Erfolge: Europapokalsieger der Pokalsieger (1966, mit Borussia Dortmund)
A-Länderspiele: 26 (3 Tore)

Geboren: 16. Oktober 1905 in Gelsenkirchen
Gestorben: 1. Januar 1990 in Gelsenkirchen
Spieler auf Schalke: 1923–1949
Pflichtspiele für Schalke: 351 (270 Tore)
Erfolge mit Schalke: Deutscher Meister (1934, 1935, 1937, 1939, 1940, 1942), DFB-Pokalsieger (1937)
A-Länderspiele: 12 (7 Tore)

ERNST KUZORRA

Wer heute das ehemalige Vereinslokal neben der Glückauf-Kampfbahn an der Kurt-Schumacher-Straße in Gelsenkirchen aufsucht, der findet dort im vorderen Bereich der Gaststätte Bosch einen Platz auf einer Holzbank. Eine Plakette weist aus, dass dies der Stammplatz des 1990 verstorbenen Ernst Kuzorra gewesen sei. Hier habe »Clemens«, so der Spitzname des wohl berühmtesten Schalker Fußballers, nach den Spielen oft gesessen und viele, ehrfürchtig staunende Zuhörer mit Geschichten über »sein Schalke« zu fesseln gewusst. Und zu erzählen habe Kuzorra immer irgendeine Anekdote aus seiner einzigartigen Karriere gehabt.

Ein Jahr nach der Gründung des FC Schalke als Sohn eines ostpreußischen Bergmanns geboren, gehört Kuzorra zu jener Generation, die noch unter Tage »malocht«. Mitte der 1920er-Jahre hat er jedoch die einmalige Gelegenheit, sich ganz auf Fußball konzentrieren zu dürfen – ein Glücksfall für ihn und auch für Schalke. Zu Hause ist der Gelsenkirchener ein bescheidener und liebevoller Familienvater, der seinen beiden Töchtern keinen Wunsch ausschlagen kann. Doch auf dem Fußballplatz ist Clemens ein regelrechter Beißer: Mit einem Leistenbruch schleppt er sich durchs Endspiel zum ersten Schalker Meistertitel. Nach Abpfiff des Finales bricht Kuzorra ohnmächtig zusammen.

> **»Dass wir verloren haben, war Politik – kein Sport.«**

Von 1934 bis 1942 ist er an sechs Deutschen Meisterschaften sowie einem Pokalsieg für Schalke beteiligt und prägt an der Seite seines Schwagers Fritz Szepan das legendäre Spielsystem, den »Kreisel«: Das schnelle, direkte Kurzpassspiel – ähnlich dem Tiki-Taka des FC Barcelona heute – ist in der Glückauf-Kampfbahn schon in den 1940er-Jahren zu Hause.

Kuzorra ist ein Ruhrpott-Original, er trägt sein Herz auf der Zunge. »Ich wusste nicht, wohin mit dem Ball, da hab ich ihn einfach reingewichst!«, erklärt er sein legendäres Tor zum 2:1 gegen Nürnberg, das Schalke 1934 die erste Meisterschaft beschert. Und Kuzorra spricht nach dem unter merkwürdigen Umständen verlorenen Endspiel 1941 aus, was andere nur denken: »Dass wir hier verloren haben, war Politik – kein Sport.« Gewicht hat sein Wort vor allem in der Kabine: »Was ›Clemens‹ sagte, haben wir Jungen immer akzeptiert«, weiß Ernst Kalwitzki von seinem Mannschaftskapitän zu berichten.

Erst im stolzen Alter von 43 Jahren beendet der zwölffache Nationalspieler Kuzorra seine aktive Laufbahn. In ihm ist der Mythos des Schalker Marktes begründet, der Mythos eines einzigartigen Spielsystems, eines genialen Fußballers rund um eine hart arbeitende Bergmannsgeneration. Männer, für die Schalke mehr ist als nur ein Verein. Daher bricht es Ernst Kuzorra fast das Herz, als sein Club sportlich immer längere Durststrecken durchlaufen muss und 1973 schließlich auch noch vom Schalker Markt ins Berger Feld mit dem neugebauten Parkstadion umzieht: »Mein Schalke, dat is nich' mehr«, urteilt Kuzorra, der seinen Humor bis in hohe Alter behalten hat. An seinem 80. Geburtstag verrät er einem Zeitungsredakteur: »Ich habe nur Angst, dass es mir so geht wie meinem Opa. Der hat mit 93 noch mal geheiratet ...«. Es folgt eine kleine Pause, dann fügt Ernst Kuzorra an: »Weil er musste.«

KLAUS FISCHER

Sagenhafte 182 Tore in 295 Spielen, damit ist Klaus Fischer der treffsicherste Spieler von Schalke 04 in der Bundesligageschichte. Und hätte er nicht zu den Sündern im Bestechungsskandal der höchsten deutschen Spielklasse gehört, wer weiß schon, ob Fischer heute nicht vor Gerd Müller in der ewigen Torschützen-Rangliste stehen würde. Von den beiden Mittelstürmern, die in den 1970er-Jahren die gegnerischen Strafräume beherrschen, ist Fischer zweifellos der komplettere. Seine Treffer werden zu »Toren des Monats«, »Toren des Jahrzehnts« und sogar des Vierteljahrhunderts gewählt. Sein Markenzeichen ist der Fallrückzieher. Dreimal erzielt Fischer in dieser spektakulären Art das »Tor des Jahres«. Seine Flugkopfbälle haben eine ungeheure Wucht. Fischer erzielt Tore am Fließband, jahrelang ist er Schalkes Erfolgsgarant.

Als der bodenständige Stürmer 1970 von Günter Siebert aus dem Bayerischen Wald nach Gelsenkirchen gelockt wird, hat bereits die halbe Bundesliga ihre Fühler nach Fischer ausgestreckt. Doch anstatt nach München oder Hamburg zu gehen, zieht es den gelernten Glasbläser ins Ruhrgebiet, in dem er schließlich seine zweite Heimat findet und dem er bis heute treu geblieben ist. Zwei Jahre nach dem Wechsel feiern Schalke und Fischer mit der Vizemeisterschaft und dem Pokalsieg bereits die ersten Erfolge. Dass es zunächst für Fischer nicht mehr Titel werden, liegt an seiner Verstrickung in den Bundesligaskandal.

Zu Beginn der Saison 1973/74 wird Fischer begnadigt, doch es dauert, ehe er mit Schalke 1977 nicht nur Vizemeister wird, sondern ihm beim 7:0-Auswärtssieg bei den Münchener Bayern vier Tore gelingen. Da lässt auch der DFB Gnade walten und beruft Fischer 1978 ins WM-Aufgebot für Argentinien. In 45 Länderspielen erzielt Klaus Fischer bis 1982 32 Treffer, zu den unvergessenen zählen seine Fallrückziehertore gegen die Schweiz und im WM-Halbfinale von 1982 gegen Frankreich bei dem er beinahe gar nicht hätte spielen können.

Sein Markenzeichen ist der Fallrückzieher.

Denn im Bundesligaheimspiel gegen Uerdingen hat er sich 1980 einen schweren Schienbeinbruch zugezogen, dem Stürmer droht das Karriereende. Doch nach zehnmonatiger Verletzungspause ist Fischer wieder zurück und wird 1982 mit der Nationalelf Vizeweltmeister. Schalke hat er nach dem ersten Abstieg des Vereins verlassen, 1992 kehrt er als Trainer wieder zurück.
Bei all seinen Erfolgen bleibt Klaus Fischer stets ein nahbarer Mensch, dem der Bundesligaskandal, in den er als junger, unerfahrener Mensch geschlittert ist, schwer zu schaffen macht. Trotzdem hat er nie aufgegeben und ist zu einem der größten Schalker Idole geworden.

Geboren: 27. Dezember 1949 in Kreuzstraßl
Spieler auf Schalke: 1970–1981
Pflichtspiele für Schalke: 343 (223 Tore)
Erfolge mit Schalke: DFB-Pokalsieger (1972), Vizemeister (1972, 1977), Bundesliga-Torschützenkönig (1975/76)
Weitere Erfolge: Vizeweltmeister (1982), DFB-Pokalsieger mit dem 1. FC Köln (1983)
A-Länderspiele: 45 (32 Tore)

SCHALKE 04

Geboren: 2. September 1907 in Gelsenkirchen
Gestorben: 14. Dezember 1974 in Gelsenkirchen
Spieler auf Schalke: 1925–1949
Trainer auf Schalke: 1949–1954
Präsident auf Schalke: 1963–1967
Pflichtspiele für Schalke: 342 (226 Tore)
Erfolge mit Schalke: Deutscher Meister (1934, 1935, 1937, 1939, 1940, 1942), DFB-Pokalsieger (1937)
Weitere Erfolge: WM-Dritter (1934)
A-Länderspiele: 34 (8 Tore)

FRITZ SZEPAN

Er ist der Denker und Lenker des berühmten Schalker Kreisels. Ein begnadeter Techniker, herausragender Stratege, dessen präzises Kurzpassspiel samt der sogenannten tödlichen Pässe auf Sturmpartner und Schwager Ernst Kuzzora bei den Gegnern gefürchtet sind. Fritz Szepan begründet den Schalker Mythos und prägt die Vereinsgeschichte wie kein anderer Spieler zuvor und kein anderer nach ihm.

Schon im Alter von 21 Jahren soll er sein Debüt in der Nationalmannschaft geben, aber aufgrund einer Verletzung muss das verschoben werden. Insgesamt wird Szepan 34-mal für Deutschland spielen, an den Weltmeisterschaften 1934 und 1938 nimmt er teil, 30-mal trägt er die Kapitänsbinde. 1934, Szepan ist 26, führt der überragende Mittelfeldspieler Schalke zur ersten Deutschen Meisterschaft, fünf weitere werden folgen. Darunter auch jene von 1937, jenem Jahr, in dem Schalke und Szepan zudem noch den Pokal gewinnen und damit als erste deutsche Mannschaft überhaupt das Double schaffen.

Fritz Szepan ist ohne Zweifel einer der größten Spieler, nicht umsonst hat man ihn später als Beckenbauer der 1930er-Jahre bezeichnet. Insgesamt steht er an der Seite seines kongenialen Schwagers Ernst Kuzorra in sage und schreibe 14 Meisterschafts- und Pokalendspielen für Schalke auf dem Platz.

Am 12. November 1950 beendet Fritz Szepan seine aktive Laufbahn mit einem Abschiedsspiel in der Glückauf-Kampfbahn gegen den brasilianischen Spitzenclub Atlético Mineiro. Obwohl die Partie erst am Tag zuvor über die Presse bekannt gegeben wird, strömen 30 000 Menschen ins alte Stadion. Sie alle wollen Szepan und auch Kuzorra gebührend verabschieden. Als die beiden nach 20 Minuten Arm in Arm das Spielfeld verlassen und über Lautsprecher der Schlager »Das gibt's nur einmal – das kommt nie wieder« zu hören ist, fließen Tränen auf den Tribünen.

Anschließend übernimmt Fritz Szepan auf Schalke bis 1954 das Traineramt und legt damit den Grundstein für den Meisterschaftsgewinn von 1958. Nachdem er 1955 mit dem Revierrivalen Rot-Weiß Essen Deutscher Meister geworden ist, kehrt er 1963 als Präsident an den Schalker Markt heim. Vier Jahre später übergibt Szepan das Amt an Günter Siebert und zieht sich in der Folge aus gesundheitlichen Gründen immer weiter zurück. 1974 stirbt Fritz Szepan nach langer Krankheit im Alter von 67 Jahren.

Bei seinem Abschied fließen nicht wenige Tränen.

Bei allem sportlichen Erfolg liegt auch ein dunkler Schatten auf Fritz Szepan. Dem Fußballstar wird eine große Nähe zur NSDAP nachgesagt. Nach Kriegsende endet ein Prozess, in dem es um Szepans Erwerb des Kaufhauses Julius Rode & Co. geht, das den beiden Juden Sally Meyer und Julie Lichtmann enteignet worden ist, mit einem Vergleich: Szepan muss eine Entschädigung an die Jewish Trust Corporation zahlen. Ein Umstand, weswegen dem von den Alliierten als Mitläufer im Nazi-Regime eingestuften Spielers 70 Jahre später die Ehre verweigert wird, dass eine Straße rund um die Arena auf Schalke nach ihm benannt wird.

ADOLF URBAN

Die Geschichte von Adolf Urban, den alle nur »Ala« nennen, ist eine tragische. Um nicht den Eindruck entstehen zu lassen, dass prominente deutsche Fußballspieler besondere Privilegien genießen, werden von den Nationalsozialisten im Zweiten Weltkrieg auch Schalker Spieler zum Frontdienst eingezogen. Urban, der seit 1935 Soldat ist, wird 1939 unmittelbar zu Kriegsbeginn an die Ostfront beordert. Dort überlebt er zwar die fürchterliche Kesselschlacht von Demjansk, doch als er 1942 noch einmal zurück in seine Heimat Gelsenkirchen kommen darf, hat Adolf Urban große Angst: »Ich werde den Krieg wohl nicht überleben.«

Seinem Club, dem FC Schalke, hat der Ausnahmestürmer durch seinen Dienst fürs Vaterland in den Endrunden zur Deutschen Meisterschaft 1940 und 1941 so gut wie nicht zur Verfügung gestanden, und als Urban 1943 seinen schweren Verletzungen in Russland erliegt, berichtet nicht nur die deutsche Presse darüber, sondern auch die BBC. Bei seinem Tod ist Adolf Urban gerade einmal 29 Jahre alt.

Neben Ernst Kuzorra und Fritz Szepan ist Ala Urban der prominenteste und wohl auch begabteste Spieler seiner Zeit. Er kommt aus der eigenen Jugend und spielt überwiegend auf der linken Außenstürmerposition. Seine Schnelligkeit und seine harte, präzise Schusstechnik stechen hervor. Mit ungewöhnlichem Drang zum Tor wirbelt der Rechtsfuß die gegnerischen Abwehrreihen durcheinander. 79 Tore in 80 Gauligaspielen sowie 30 Treffer in 47 Endrundenspielen zur Deutschen Meisterschaft sagen alles über seine Treffsicherheit aus. Meist zieht Adolf Urban dabei von links nach innen und schießt den Ball mit dem rechten Fuß ins lange Eck hinein.

Sein größtes Spiel? Das 6:2 gegen den FC Brentford.

Auf der historischen Aufnahme rechts dieses Textes sieht man Urban den 1:0-Führungstreffer durch Ernst Poertgen im Endspiel um die Deutsche Meisterschaft 1937 gegen Nürnberg bejubeln. An fünf Deutschen Meisterschaften und dem Pokalsieg von 1937 ist Adolf Urban maßgeblich beteiligt, die sechste Meisterschaft verpasst er 1940 aufgrund seines Einsatzes an der Front.

Einen der größten Tage mit einem toll aufgelegten Ala Urban erlebt die Glückauf-Kampfbahn 1937, als mit dem FC Brentford eine der seinerzeit spielstärksten englischen Profi-Mannschaften zu Gast ist. Zwei Tore steuert Urban zum nicht für möglich gehaltenen 6:2-Sieg bei. Ein Vergleich mit anderen europäischen Profiteams hat damals noch eine andere Bedeutung, denn einen internationalen Vereinswettbewerb gibt es nicht. So schaut eine ganze Nation damals staunend gen Schalke. Es ist ein Erfolg, über den ganz Deutschland spricht. Und ganz Deutschland spricht dabei auch über Adolf Urban.

Geboren: 9. Januar 1914 in Gelsenkirchen
Gestorben: 27. Mai 1943 bei Staraja Russa (Russland)
Spieler auf Schalke: 1933–1943
Pflichtspiele für Schalke: 151 (121 Tore)
Erfolge mit Schalke: Deutscher Meister (1934, 1935, 1937, 1939, 1942), DFB-Pokalsieger (1937)
A-Länderspiele: 21 (11 Tore)

Geboren: 28. August 1865 in Gelsenkirchen
Gestorben: 4. November 1944 in Gelsenkirchen
Präsident: TuS Schalke 1877 (1919–1924), FC Schalke 04 (1924–1932, 1933–1939)

FRITZ UNKEL

Am 2. September 1928 wird nach einjähriger Bauzeit das erste Schalker Stadion eingeweiht. Bei der Namensgebung favorisieren die Schalker den Namen »Fritz-Unkel-Kampfbahn«. Doch »Papa Unkel«, wie er liebevoll genannt wird, winkt ab. Zwar hat er sich unaufhörlich für das ehrgeizige Projekt eingesetzt, doch ein Schalker Stadion, das seinen Namen trägt, widerspricht seinem bescheidenen Naturell. Unkel will einen volkstümlichen Namen, und so einigt man sich auf »Glückauf-Kampfbahn«.

»Seine« Jungs müssen aus Schalke kommen.

Der Kohlenhändler Fritz Unkel ist ein großer Organisator und Macher, der ursprünglich bei den Turnern vom Turn- und Sportverein Schalke 1877 zu Hause ist. Unter seiner Regie fusionieren die Turner 1919 mit den Fußballern von Westfalia Schalke. Doch als die Deutsche Turnerschaft 1924 diese »Doppelmitgliedschaften« nicht mehr duldet, müssen sich die beiden Vereine wieder voneinander verabschieden.

Der bereits 59-jährige Fritz »Papa« Unkel trennt sich daraufhin von seinem Turnverein und übernimmt fortan den Vorsitz bei den jungen Fußballern. Wohl auch, weil er glaubt, dass die Kicker eher seiner Hilfe bedürfen als die alteingesessenen Turner. So wird am 4. Januar 1924 aus der Fußballabteilung des Turn- und Sportvereins Schalke 1877 der FC Schalke 04 mit dem Vorsitzenden Fritz Unkel.

Bei Unkel laufen alle Fäden zusammen. Väterlich kümmert er sich um die jungen Spieler, richtet die erste Geschäftsstelle über der Vereinskneipe bei Mutter Thiemeyer ein und bestellt Willi Nier als Chef für die Finanzen. Er gibt dem jungen Fußballverein feste Strukturen und legt damit die Grundsteine für die ersten großen Schalker Erfolge.

Bei der Spielersuche achtet Unkel auf die Herkunft: »Seine« Jungs müssen aus Schalke kommen, und für ein Tor verspricht er dem Schützen schon mal zwei Mark als Anreizprämie. Von seiner Familie muss er sich deshalb oft anhören, er sei zu spendabel, doch das Kritteln ändert ihn nicht. Auch sein Stadionprojekt halten viele für größenwahnsinnig, doch Unkel versteht es, die schon damals große, treue Schalker Familie zu nutzen. Er verkauft Bausteine für ein Darlehen von einer Mark, zurückgezahlt werden muss das Geld später nie.

Schalke erlebt die erfolgreichste Zeit der Vereinsgeschichte, und als Unkel 1939 aus gesundheitlichen Gründen das Ruder übergibt, hat er die Geschichte des Clubs über 27 Jahre hinweg maßgeblich bestimmt. Sein Motto »Elf Freunde müsst ihr sein, wenn ihr Siege wollt erringen« prägt den Mannschaftsgeist, und ohne Papa Unkel würde es den FC Schalke 04 schon lange nicht mehr geben.

1944 stirbt Fritz Unkel im Alter von 79 Jahren im bereits von Bomben völlig zerstörten und brennenden Gelsenkirchen. Lange schon hat er an Diabetes gelitten und später auch sein Augenlicht verloren. Er wird schlicht bestattet. In den Jahren zuvor hat man ihn oft im Hinterzimmer des Vereinsheims bei Mutter Thiemeyer sitzen sehen. Da hat sich der alte, schwerkranke Mann dann berichten lassen, wie seine Jungs gespielt haben. Detailliert und aus allererster Quelle – von keinen Geringeren als Fritz Szepan und Ernst Kuzorra.

ERNST POERTGEN

Er ist ein Spieler mit eingebauter Torgarantie, seine wettbewerbsübergreifende Trefferquote von 100 Prozent belegt dies eindrucksvoll. Zwar spielt der gebürtige Essener zunächst beim damals übermächtigen 1. FC Nürnberg, doch mit den Franken wird der Junge aus dem Ruhrpott nicht warm. Als Schalkes Trainer »Bumbas« Schmidt davon Wind bekommt, holt er den Ausnahmespieler 1934.

Der Verband belegt Poertgen daraufhin mit einer neunmonatigen Sperre, und so erlebt er die erste Deutsche Meisterschaft der Schalker nur auf der Tribüne des Berliner Poststadions mit. Doch schon ein Jahr später gewinnt Poertgen fast im Alleingang das Finale gegen den VfB Stuttgart. Drei Tore gelingen ihm bei der Titelverteidigung, doch der Karrierehöhepunkt steht Poertgen noch bevor.

1937, im erfolgreichsten Jahr der Schalker Vereinsgeschichte, gewinnt der Club mit einem glänzenden Ernst Poertgen das Double. Insgesamt steht der schussstarke Mittelstürmer mit Schalke in sechs Finals, in 24 Endrundenspielen gelingen ihm 28 Tore. 1938 zieht es Ernst Poertgen nach Bonn. Er heiratet dort eine Gastwirtstochter und schließt sich dem Bonner FV an. Dem FC Schalke bleibt er trotzdem zeitlebens verbunden, er ist ein gern gesehener Gast bei den Heimspielen. 1986 stirbt Ernst Poertgen im Alter von 74 Jahren in Bonn.

Geboren: 25. Januar 1912 in Altenessen
Gestorben: 3. November 1986 in Bonn
Spieler auf Schalke: 1934–1938 (neunmonatige Sperre zu Beginn)
Pflichtspiele für Schalke: 101 (104Tore)
Erfolge mit Schalke: Deutscher Meister (1935, 1937), DFB-Pokalsieger (1937)
A-Länderspiele: 3 (5 Tore)

DIE NULL MUSS STEHEN

VELTINS

HUUB STEVENS

Er hat nicht nur den Titel dieses Kapitels geprägt, sondern seine schlichte Philosophie steht natürlich auch für den größten Erfolg der Vereinsgeschichte. »Die Null muss stehen!«, heißt es im Jahr des UEFA-Pokal-Siegs, und tatsächlich kassiert Schalke unter der Regie von Trainer Huub Stevens bei den europäischen Heimspielen im Parkstadion nicht ein einziges Tor. Mit dieser defensiven Devise legt der Holländer den Grundstein für das Wunder von Mailand. Stevens lässt sein Team damals so spielen, weil ihm, wie er das empfindet, für eine offensivere Variante die Spieler fehlen.

Dass die Zuschauer im Liga-Alltag oft unattraktiven Fußball sehen und ob der defensiven Spielweise murren, stört den »Knurrer aus Kerkrade« kaum; den von Journalisten angehängten Spitznamen hat Stevens erhalten, weil er auf Pressekonferenzen oft kurz angebunden und missmutig ist. Die Fragen der Medienvertreter zu einzelnen Spielern sind ihm lästig, bei den Fans kommt Stevens' knurrige Art gut an.

Der »Knurrer aus Kerkrade« lässt die Null stehen.

Sein Spielsystem ändert sich erst in der Saison 2000/01, als er mit Emile Mpenza, Gerald Asamoah und Ebbe Sand eine Sturmreihe der Extraklasse zur Verfügung hat. Plötzlich spielt Schalke offensiv und deklassiert die oft überforderten Gegner reihenweise. Höhepunkt ist dabei der 4:0-Derby-Sieg im Westfalenstadion und natürlich der zweite Titel, den Schalke unter Stevens gewinnt: der DFB-Pokal 2001. Dieser Erfolg lindert ein wenig den Schmerz über die kurz zuvor in letzter Sekunde verlorene Meisterschaft. Im Jahr darauf kann Schalke den Pokal sogar verteidigen, doch für Stevens stehen die Weichen auf Abschied. Er verlässt Schalke Richtung Berlin, die S04-Fans setzen ihm 2004 mit der Wahl zum Jahrhundert-Trainer ein Denkmal.

In den folgenden neun Jahren beschäftigt Schalke acht Trainer. Keiner dieser Männer vermag an die Erfolge von Stevens anzuknüpfen. Zwar kratzt Schalke immer mal wieder an der Meisterschaft, steht im Halbfinale des UEFA-Pokals und der Champions League, doch ein weiterer Titel gelingt erst 2011 mit dem erneuten Gewinn des Pokals unter Ralf Rangnick. Als der kurz darauf schwer krank das Handtuch werfen muss, steht Huub Stevens wieder parat.

Es ist eine schwierige Situation, doch Stevens schafft, was ihm die Wenigsten zugetraut haben. In einer von Verletzungspech durchzogenen Saison lässt er allen Widrigkeiten zum Trotz schönen Kombinationsfußball spielen – man schafft die Qualifikation für die Champions League. Außerdem erzielt Schalke in dieser Saison sagenhafte 74 Treffer, so viele wie seit über einem Vierteljahrhundert nicht mehr. Doch auch diese Glücksphase endet. Zum Jahresende 2012 trennen sich Huub Stevens und Schalke 04 ein zweites Mal.

Geboren: 29. November 1953 in Sittard (Niederlande)
Trainer auf Schalke: 1996–2002 und 2011–2012

KLAUS FICHTEL

Der Mann, den sie »Tanne« nannten, ist der mit Abstand älteste Spieler, der jemals in der Bundesliga gegen den Ball getreten hat. Als Klaus Fichtel am 21. Mai 1988 im Spiel gegen Werder Bremen endgültig von der großen Fußballbühne abtritt, ist er 43 Jahre, sechs Monate und zwei Tage alt – ein Rekord für die Ewigkeit. 477 Bundesligaspiele hat er für Schalke bestritten, 40 davon in der Zweiten Liga, hinzu kommen 107 Erstligaeinsätze für Werder Bremen.

Eigentlich ist Fichtel bei seinem letzten Einsatz 1988 schon längst kein aktiver Profi mehr. Bereits im August 1986 hat sein Abschiedsspiel stattgefunden. Doch als Schalke Personalmangel im Kader beklagt, hängt »Tanne« noch einmal elf Spiele für Königsblau dran. Und das erinnert ein wenig an den Anfang der langen Karriere des hageren Abwehrrecken. Denn als Fichtel im Alter von 20 Jahren in der Bundesliga debütiert, leidet Schalke ebenso an Personalnot. Diesmal sind es keine krankheitsbedingten Ausfälle. Aufgrund des sportlichen Abstiegs hat die Hälfte der Schalker Mannschaft den Verein verlassen. Als die Bundesliga dann plötzlich von 16 auf 18 Vereine aufgestockt wird und Schalke erstklassig bleibt, holt Trainer Fritz Langner den Verteidiger Klaus Fichtel von Arminia Ickern.

Langner verdankt Fichtel auch seinen Spitznamen, den er nicht mehr losgeworden ist. Fichtel – Fichte – Tanne, so wohl die Assoziation des Trainers. Als der Ausnahmefußballer Jahrzehnte später immer noch auf Schalke spielt, nehmen Fans den Spitznamen in Zeiten des großen Waldsterbens auf. Sie huldigen Fichtel mit dem Transparent: »Der Wald stirbt, die Tanne steht«.

Fichtel – Fichte – Tanne. So geht wohl die Assoziation.

Für Schalke ist der passionierte Taubenzüchter und Trabrennfan sportlich wie menschlich ein Glücksfall. Ohne Klaus Fichtel hätte der Cub in den Jahren 1966 bis 1968 kaum die Klasse halten können, mit ihm gelingt der sportliche Aufschwung. 1969 steht Fichtel erstmals im Pokal-Endspiel gegen die Bayern, 1972 holt er mit Schalke den Pott. Dass es nicht mehr Titel für den bodenständigen WM-Dritten von 1970 werden, ist der »größten Dummheit seines Lebens« geschuldet, dem Bundesligaskandal.

Obwohl Fichtel in jenem berühmten Spiel gegen Arminia Bielefeld zur Halbzeit beim 0:0 verletzt ausgewechselt wird und er bis heute beteuert, den Spielverlauf nicht manipuliert zu haben, wird er schuldig gesprochen. Es kann nachgewiesen werden, dass Fichtel drei Tage nach der Partie Geld angenommen hat. 13 Jahre zuvor hatte der 14-jährige Fichtel eine sichere Lehre als Bergmann begonnen, als das Angebot seines Lebens kam: »Als ich die Möglichkeit auf Schalke bekam, wollte ich sie so lange wie möglich nutzen.« Das ist ihm gut geglückt.

Geboren: 19. November 1944 in Castrop-Rauxel
Spieler auf Schalke: 1965–1980, 1984–1988
Pflichtspiele für Schalke: 549 (17 Tore)
Erfolge mit Schalke: DFB-Pokalsieger (1972), Vizemeister (1972, 1977)
Sonstige Erfolge: WM Dritter (1970)
A-Länderspiele: 23 (1 Tor)

GAZPROM

BENEDIKT HÖWEDES

Als 13-Jähriger wechselt der Junge aus Haltern zum FC Schalke. Dort spielt Benedikt Höwedes zwischen 2001 und 2007 in den Jugendmannschaften, und auch wenn sein großes Vorbild Christoph Metzelder für den Rivalen aus Dortmund kickt, steht für »Bene« immer fest, dass er seine Profikarriere auf Schalke starten will. Hier sieht er die besten Voraussetzungen für sich. Als Stammspieler der Nachwuchs-Nationalmannschaften macht er den nächsten Schritt, und nachdem er mit Schalke 2006 die Deutsche A-Jugendmeisterschaft gewinnt, wird er 2007 als »Nachwuchsspieler der Saison« mit der Fritz-Walter-Medaille in Gold ausgezeichnet.

Im selben Jahr gibt Höwedes sein Debüt als Profispieler. Überraschenderweise nicht in der Bundesliga, sondern in der Champions League, beim norwegischen Rekordmeister Rosenborg Trondheim. 90 Minuten lang hält Bene seine linke Abwehrseite dicht, und Schalke feiert einen 2:0-Auswärtssieg. Eine Woche später folgt gegen Karlsruhe das Debüt in der Bundesliga. Auch hier erledigt Höwedes seine Aufgaben in typisch unaufgeregter Art, überzeugt durch gutes Stellungsspiel und schnellen, wirkungsvollen Spielaufbau.

Zwei Jahre nach dem Start seiner Profikarriere gewinnt er 2009 mit der U-21-Nationalmannschaft die Europameisterschaft. Ein Titel, den sich der DFB zuvor noch nie hat sichern können. Neben Höwedes stehen in dieser Elf mit Neuer, Boenisch und Özil drei weitere Schalker. Die Position des 1,87 Meter großen Höwedes ist dabei im Zentrum der Abwehr. Hier glänzt er durch sein überragendes Kopfball- und Positionsspiel. Doch auch im defensiven Mittelfeld oder als Außenverteidiger stellt er seine außergewöhnlichen Qualitäten unter Beweis. Es ist auch seine Vielseitigkeit, die Höwedes auszeichnet, der erst mit seinem Wechsel nach Schalke vom Stürmer zum Abwehrspieler geworden ist.

Aus der eigenen Jugend – sympathisch, gebildet.

Auf Schalke wird »Bene« schnell zum Stammspieler und zur neuen Identifikationsfigur. Einer aus der eigenen Jugend, sympathisch, gebildet, mit großer Zukunft – das gefällt den Fans. Bereits als 23-Jähriger führt er die Bundesligamannschaft als Kapitän aufs Spielfeld, und auch Bundestrainer Jogi Löw kommt nicht an ihm vorbei. Sein Debüt als A-Nationalspieler gibt Benedikt Höwedes 2011 gegen Uruguay, im Jahr darauf steht er im Kader für die Europameisterschaft.

Seinen Vertrag in Gelsenkirchen hat er bis 2014 verlängert, und geht es nach den Fans, wird er noch viele Jahre in Königsblau auflaufen. Denn die Hoffnung ist groß, dass mit Kapitän Benedikt Höwedes nach dem DFB-Pokal (2011) auch der Meisterschaftsgewinn eines nahen Tages gefeiert werden kann.

Geboren: 29. Februar 1988 in Haltern
Spieler auf Schalke: 2001–2007 Jugend, seit 2007 Profi
Pflichtspiele für Schalke: 124 (7 Tore)
Erfolge mit Schalke: Vizemeister (2010), DFB-Pokalsieger (2011), DFL-Supercupsieger (2011), U-21 Europameister (2009), A-Jugendmeister (2006)
A-Länderspiele: 9 (1 Tor)

MATHIAS SCHIPPER

»Schippi«, wie sie ihn gerufen haben, ist einer der ganz wichtigen Spieler Schalkes in den schwierigen 1980er-Jahren. Als der Junge aus Castrop 1976 mit der A-Jugend des Vereins Deutscher Meister wird, hat er längst sein Debüt bei den Profis gegeben. An der Seite von Fischer, Lütkebohmert und Kremers wird er 1977 sogar Deutscher Vizemeister. Zwar geht sein erstes Spiel im Parkstadion gegen den HSV 1976 – er kommt in der 56. Minute für Helmut Kremers – verloren, doch in der Saison 1978/79 absolviert Mathias Schipper bereits alle 34 Pflichtspiele mit der ersten Mannschaft. Dass er dennoch den Verein Richtung Aachen verlässt, liegt an Günter Siebert. Der streitbare Präsident hat für »Schippis« Position einfach den Jugoslawen Mario Boljat verpflichtet.

Doch Mathias Schipper behält »seine Schalker« stets im Auge, und wann immer es ihm möglich ist, besucht er die Spiele des Cubs als Zuschauer. Als er 1982 nach drei Jahren in der Fremde zurückkehrt, trägt er bis zu seinem Karriereende das königsblaue Trikot. In dieser Zeit steigt er mit Schalke zweimal ab, feiert 1984 den Aufstieg und gehört somit auch zu jener Mannschaft, die beim 6:6 gegen Bayern München im Halbfinale des DFB-Pokals auf dem Platz steht. In seiner gesamten Karriere wird der solide, ruhige und stets faire Abwehrspieler nicht ein einziges Mal des Feldes verwiesen.

Geboren: 23. September 1957 in Castrop-Rauxel
Spieler auf Schalke: 1976–1979, 1982–1988
Pflichtspiele für Schalke: 256 (10 Tore)
Erfolge mit Schalke: Vizemeister (1977), Bundesliga-Aufstieg (1984), A-Jugendmeister (1976)

HELMUT KREMERS

Helmut Kremers, der mit seinem Zwillingsbruder Erwin 1971 aus Offenbach nach Schalke wechselt, ist ein technisch mehr als nur versierter Abwehrspieler. Seine offensiven Vorstöße sind gefürchtet. Mit ihm holt Schalke 1972 den DFB-Pokal und wird »nur« Vizemeister. Für Helmut Kremers bis heute »die größte Enttäuschung meines Lebens«. Als die durch den Bundesligaskandal in den Folgejahren immer schwächer werdende Schalker Mannschaft zusehends größere sportliche Probleme bekommt, halten Helmut und sein Bruder das Team zusammen.

Zu ihrer Zeit gelten die Kremers-Zwillinge als die »Popstars« der Bundesliga. So schafft es Helmut nicht nur als Starschnitt in den *Kicker,* sondern mit seinem Bruder und der Single »Das Mädchen meiner Träume« im WM-Jahr 1974 auch in die Charts. Zwar wird Kremers mit Beckenbauer, Maier und Müller Weltmeister, aber nur ein stiller. Denn Bundestrainer Helmut Schön gewährt dem Schalker im eigenen Land keinen einzigen Einsatz. Im Anschluss an seine aktive Laufbahn bleibt Kremers Schalke treu. 1994 kandidiert er als Präsident, seine Wahlkampfrede gipfelt in dem viel umjubelten Satz: »Für Dortmund haben wir uns früher nicht einmal umgezogen!« Natürlich wird Helmut Kremers zum Präsidenten gewählt. Die Amtsperiode bleibt jedoch kurz. Nach nur drei Monaten zieht er sich wegen etlicher Querelen bereits wieder zurück.

Geboren: 24. März 1949 in Mönchengladbach
Spieler auf Schalke: 1971–1980
Pflichtspiele für Schalke: 268 (58 Tore)
Erfolge mit Schalke: DFB-Pokalsieger (1972), Vizemeister (1972, 1977)
Weitere Erfolge: Weltmeister (1974)
A-Länderspiele: 8 (kein Tor)

adidas

THOMAS LINKE

Aufmerksam werden die Verantwortlichen des FC Schalke 04 auf den Abwehrspezialisten Thomas Linke bei einer DFB-Pokal-Niederlage in Erfurt. Linke spielt für den Club aus Thüringen eine mehr als gute Partie, von der kommenden Saison an ist er ein Schalker. Als Linke dann nach sechs ereignisreichen Jahren den Verein 1998 Richtung Bayern München verlässt, nimmt ihm das niemand übel. Und niemand pfeift ihn aus, als er mit seinem neuen Club in der darauf folgenden Spielzeit im Parkstadion aufläuft. Jeder kann den Wechsel von Thomas Linke zum deutschen Rekordmeister nachvollziehen. Deshalb, weil der Innenverteidiger in den Jahren zuvor auf Schalke Großartiges geleistet hat.

Linkes Vorstellungen in den UEFA-Pokal-Spielen der Saison 1996/97 etwa, als er im Gespann mit Olaf Thon und Johan de Kock die Abwehr organisiert und somit erheblichen Anteil daran hat, dass Schalke in den sechs Heimspielen zum Titelgewinn nicht ein einziges Tor kassiert. Als dann im Viertelfinale der Gegner Valencia heißt, glaubt kaum einer an ein Weiterkommen Schalkes. Schließlich hat die Mannschaft von Trainer Jorge Valdano in der ersten Wettbewerbsrunde Titelverteidiger Bayern München mit spielerisch erstklassigem Offensivfußball ausgeschaltet.

Gleich in der zweiten Minute stockt der königsblauen Fangemeinde im Parkstadion dann bereits der Atem: Der Brasilianer Leandro trifft zunächst nur die Latte des Schalker Gehäuses, dann köpft er den abprallenden Ball aus zwei Metern aufs leere Tor. Doch wie aus dem Nichts läuft Thomas Linke quer über die Torlinie und verhindert mit dem Kopf das 1:0 für Valencia. Doch Linke sollte noch einen zweiten großen Auftritt in dieser Partie haben: Kurz vor der Pause steht es noch immer 0:0, als Olaf Thon aus halbrechter Position einen Freistoß an die Strafraumgrenze der Spanier schlägt. Dort steht Thomas Linke, köpft, und der Ball fliegt zum 1:0 ins Netz. Die Tür zum Halbfinale steht schlagartig weit auf.

»Fußballgott« mit treffsicherem Schädel.

Auch in der Vorschlussrunde gelingt Linke ein wichtiger Treffer auf dem Weg zum UEFA-Pokalsieg. Wieder ist Olaf Thon der Vorbereiter, wieder ist Linke mit dem Kopf zur Stelle: Im Rückspiel gegen CD Teneriffa braucht Schalke unbedingt ein Tor, um das Ergebnis aus dem Hinspiel zu egalisieren. In der 68. Minute entlädt sich durch einen Kopfballtor Linkes die ganze Anspannung explosionsartig. Es ist ein Treffer für die Ewigkeit, von einem der durchsetzungsstärksten Abwehrspieler, die Schalke je in seinen Reihen gehabt hat. »Thomas Linke – Fußballgott« hallt es in dieser Nacht noch lange durch Gelsenkirchens Straßen.

Geboren: 29. Dezember 1969 in Sömmerda (ehemals DDR)
Spieler auf Schalke: 1992–1998
Pflichtspiele für Schalke: 205 (16 Tore)
Erfolge mit Schalke: UEFA-Pokalsieger (1997)
A-Länderspiele: 43 (1 Tor)

ROLF RÜSSMANN

»Er war der beste Kopfballspieler, den ich je gesehen habe«, sagt Klaus Fischer über seinen ehemaligen Mitspieler und Freund Rolf Rüssmann. Fischer spricht diese Worte bei der Trauerfeier des im Alter von gerade einmal 58 Jahren verstorbenen Abwehrspielers auf dem Gelsenkirchener Altstadtfriedhof. Rund 500 Menschen sind erschienen, um Abschied zu nehmen von einer der großen Persönlichkeiten der Bundesliga.

Rolf Rüssmann ist einer der stärksten Vorstopper seiner Zeit, seine Vorstöße bei Eckbällen für Schalke sind gefürchtet: Nicht weniger als 41 Tore gelingen dem Abwehrstrategen in elf Jahren für Königsblau. Mit seiner Kopfballstärke hält Rüssmann mehr als zehn Jahre lang die Abwehr der Gelsenkirchener zusammen. Zweimal wird er dabei Deutscher Vizemeister, 1972 holt er mit der sogenannten »Jahrhundertelf« den DFB-Pokal nach Gelsenkirchen.

Bei all seiner kompromisslosen Entschlossenheit ist Rolf Rüssmann ein ausgesprochen fairer Spieler. In 304 Bundesligaspielen, bei 19 Europapokal- und 42 DFB-Pokal-Einsätzen für Schalke erhält er lediglich neun Gelbe Karten, nur ein einziges Mal wird er vom Platz gestellt: Am achten Spieltag der Saison 1971/72 verweist ihn Schiedsrichter Walter Eschweiler bei Schalkes 2:0-Sieg im Rheinstadion gegen Fortuna Düsseldorf in der 80. Minute des Feldes.

Rolf Rüssmann hält noch einen weiteren Vereinsrekord: Vom 17. Januar 1977 bis zum 29. November 1980 steht er fast vier Jahre lang, genauer gesagt in 134 aufeinanderfolgenden Spielen, für Schalke auf dem Spielfeld. Und hätte Schalke seinen Star nicht wegen größter finanzieller Probleme im Winter 1980 ausgerechnet an Borussia Dortmund abgeben müssen, Rolf Rüssmann hätte diese Bestmarke wohl noch weiter ausgebaut.

Bedauerlicherweise gehört Rüssmann aber auch zu jenen Schalker Spielern, die in den Bundesligaskandal verwickelt sind. Ein Umstand, der ihn um viele Spiele in der deutschen Nationalmannschaft bringt. Lediglich zwei Jahre lang spielt er unter Bundestrainer Jupp Derwall im Nationaltrikot und scheidet bei der WM 1978 in Argentinien, nach der historisch-peinlichen 2:3-Niederlage gegen Österreich, bereits in der 2. Finalrunde aus.

»... treten wir denen wenigstens den Rasen kaputt.«

Nach seiner Karriere als Spieler bekleidet der Trabrennsportfreund Rüssmann im Jahre 1987 einige Monate das Amt des Managers auf Schalke, doch in den damals unruhigen Zeiten beweist er kein sonderlich glückliches Händchen. Als Spieler und Mensch ist er dagegen durch seine herzliche und offene Art bis zuletzt beim königsblauen Anhang mehr als beliebt. Er wird sowohl in die »Jahrhundertelf« gewählt als auch in die Schalker »Ehrenkabine« aufgenommen – ein Ausdruck größter Wertschätzung.

Rolf Rüssmann ist dem FC Schalke Zeit seines Lebens sehr verbunden, besonders am Herzen liegt ihm die Kinder- und Jugendförderung. Bis kurz vor seinem Tod ist er oft bei den Spielen der Schalker Jugendmannschaften zugegen. Und man kann nur hoffen, dass der Nachwuchs sich nicht allein an jenem Ausspruch Rolf Rüssmanns ein Vorbild nimmt, der in die Annalen der Bundesliga eingegangen ist: »Wenn wir hier schon nicht gewinnen können, treten wir denen wenigstens den Rasen kaputt.«

Geboren: 13. Oktober 1950 in Schwelm
Gestorben: 2. Oktober 2009 in Gelsenkirchen
Spieler auf Schalke: 1969–1980
Pflichtspiele für Schalke: 365 (41 Tore)
Erfolge mit Schalke: DFB-Pokalsieger (1972), Vizemeister (1972, 1977)
A-Länderspiele: 20 (1 Tor)

adidas

JENS LEHMANN

Drei Augenblicke für die Schalker Ewigkeit:

16. Oktober 1993 Haberland-Stadion, Leverkusen. Seit fünf Jahren spielt Jens Lehmann schon für Schalke. Er ist nicht der unumstrittene Stammtorwart, sondern muss immer wieder mal auf der Reservebank Platz nehmen. Schon in der ersten Halbzeit skandieren die mitgereisten Fans beim Stand von 0:3: »Lehmann raus!« Tatsächlich hat der spätere Weltklasse-Torhüter rabenschwarze 45 Minuten erwischt. Zur Halbzeit wechselt Trainer Jörg Berger Lehmann mit den Worten »Wir sehen uns morgen!« aus. Der völlig entnervte Torwart schnappt sich seine Sporttasche, verlässt noch während der Halbzeitpause das Stadion und fährt mit der Straßenbahn nach Hause.

21. Mai 1997 Gisueppe-Meazza-Stadion, Mailand. Jens Lehmann ist seit längerem die unumstrittene Nummer eins im Schalker Tor. Er ist ein Garant für den Aufschwung, den der Club in den letzten Jahren genommen hat. Reflex- und nervenstark, exzellente Strafraumbeherrschung und ein gutes Auge fürs Spiel zeichnen ihn aus. Jetzt steht er im Elfmeterschießen um den UEFA-Cup Inter Mailands Holländer Aaron Winter gegenüber, der zum dritten Versuch für die Italiener antritt. Schalke hat durch die Schützen Anderbrügge, Thon und Max bereits dreimal getroffen, Inter hat einen Strafstoß vergeben, weil Lehmann erstklassig pariert hat. Als Winter sich den Ball auf den Punkt legt, baut Lehmann sich vor ihm auf, schaut ihm in die Augen und sagt: »I'll keep standing in the middle« (»Ich werde in der Mitte stehen bleiben«). Lehmann will Winter irritieren, und der kleine psychologische Kniff zieht, denn der Holländer verschießt. Knapp am rechten Pfosten vorbei. Lehmann wird zum »Held von Mailand«.

19. Dezember 1997 Westfalenstadion, Dortmund. In einem packenden, dramatischen Revierderby steht es kurz vor Abpfiff des Spiels 2:1 für die Heimmannschaft, als der Schiedsrichter eine – zugegeben – unberechtigte Ecke für den FC Schalke 04 gibt. Jens Lehmann hält es nicht mehr in seinem Kasten, denn er weiß, dies wird die letzte Chance sein, den wichtigen Punkt im Derby zu holen. Im Tor der Dortmunder steht Stefan Klos, mit dem Lehmann um einen Platz im Nationalmannschaftskader ringt. Die Ecke wird von Olaf Thon an den Strafraum geschlagen und dort unfreiwillig von einem Dortmunder verlängert. Dann spielt Thomas Linke den Ball hoch an die linke Ecke des Fünfmeterraums, dorthin, wo Jens Lehmann steht. Der Torwart bringt seinen Kopf an den Ball, der an Klos vorbei ins Dortmunder Tor segelt. Der Jubel über den Ausgleich kennt keine Grenzen.

... da kann man dann schon mal vergessen, dass Jens Lehmann nach seiner Schalker Zeit noch vier Jahre für Borussia Dortmund spielte.

Geboren: 10. November 1969 in Essen
Spieler auf Schalke: 1988–1998
Pflichtspiele für Schalke: 312 (2 Tore)
Erfolge mit Schalke: Bundesliga-Aufstieg (1991), UEFA-Pokalsieger (1997)
A-Länderspiele: 61 (kein Tor)

WILLI SCHULZ

Schon als der eisenharte Mittelfeldspieler noch beim Verbandsligisten Union Günnigfeld spielt, wird Deutschlands ranghöchster Trainer auf das Talent aufmerksam. Sepp Herberger lädt Willi Schulz in den Kreis der Nationalmannschaft ein und lässt den 19-Jährigen im Dezember 1959 gegen Jugoslawien debütieren. So wird die gesamte Oberliga auf den jungen Spieler aufmerksam und will sich dessen Dienste sichern. Doch da Schulz schon als Junge die Spiele der Schalker in der Glückauf-Kampfbahn besucht hat und seine Eltern im nahegelegenen Wattenscheid eine Gaststätte betreiben, kommt für Schulz nur ein Verein in Frage. 1960 wechselt er zu den Königsblauen und wird umgehend Stammspieler.

Nur drei Spiele verpasst er in seiner ersten Saison, Schalke wird Dritter, im Jahr danach Zweiter. Was folgt, ist die Nominierung für die Weltmeisterschaft 1962 in Chile, bei der Willi Schulz viermal eingesetzt wird. Zu diesem Zeitpunkt ist er mit seinen 22 Jahren schon ein gestandener Spieler. Drei Jahre darauf wechselt Schulz zum Hamburger SV, denn Schalke ist als Tabellenletzter abgestiegen. Doch weil die Liga aufgestockt wird, bleiben die Gelsenkirchener erstklassig, was Schulz seinen Entschluss nicht ändern lässt. In ihm verlieren die Schalker einen ihrer besten Spieler, der als »Hamburger« bei den Weltmeisterschaften 1966 und 1970 große Erfolge feiern kann.

Geboren: 4. Oktober 1938 in Wattenscheid
Spieler auf Schalke: 1960–1965
Pflichtspiele für Schalke: 148 (8 Tore)
Erfolge mit Schalke: Vizemeister (1962)
Weitere Erfolge: Vizeweltmeister (1966)
A-Länderspiele: 66 (kein Tor)

SCHIESST EIN TOR FÜR UNS

ERWIN KREMERS

Genauso wie sein Zwillingsbruder Helmut kommt auch Erwin Kremers 1971 aus Offenbach nach Schalke. Die beiden gebürtigen Mönchengladbacher spielen vom Beginn bis zum Ende ihrer Karriere, insgesamt über 12 Jahre lang, in den selben Vereinen Fußball und sind auch im privaten Bereich bis heute unzertrennlich. Doch während Helmut dem Fußball nach seiner aktiven Laufbahn treu geblieben ist, geht Erwin einen anderen Weg. Er wendet sich nach dem Ende seiner aktiven Laufbahn 1979 vom Fußball ab. Der modernen Fußball-Eventkultur kann er nur noch wenig abgewinnen.

Während seiner aktiven Zeit ist der trickreiche und flinke Außenstürmer einer der Besten seines Fachs. Mit Stan Libuda und später Rüdiger Abramczik bildet er eine in der Bundesliga gefürchtete Flügelzange. Während seine Sturmkollegen über die rechte Seite kommen, füttert Erwin Ausnahmemittelstürmer Klaus Fischer mit genauen Flanken und Zuspielen von Linksaußen. Aber nicht nur als Vorbereiter ist Erwin Kremers in diesen Tagen gefürchtet, sondern auch als Vollstrecker: Für Schalke trifft er in der Bundesliga nicht weniger als 50-mal.

Es ist ein Genuss, Erwin Kremers beim Fußballspielen zuzusehen. Seine Tricks und Finten werden auf den Bolzplätzen des Ruhrgebiets von den Kindern nachgespielt. Mit der wohl besten Schalker Mannschaft nach dem Krieg gewinnt er 1972 den DFB-Pokal. Und noch einen Titelgewinn feiert der linke Außenstürmer in diesem Jahr. Durch einen 3:0-Sieg über die Sowjetunion wird er mit der legendären 1972er-Nationalelf in Belgien Europameister. Weltmeister wird Erwin Kremers zwei Jahre später nicht.

> **»Also jetzt noch mal für Doofe: Blöde Sau!«**

Zwar gilt seine Teilnahme an der WM-Endrunde im eigenen Land als sicher, doch dann gehen die Nerven mit dem Linksaußen durch. Am letzten Spieltag der Saison 1973/74 – kurz vor Beginn der Weltmeisterschaft – ist der schnelle, trickreiche Kremers auch beim Auswärtsspiel in Kaiserslautern nur durch Fouls zu stoppen. Und ein solches kostet ihn die sicher geglaubte WM-Teilnahme.

»Blöde Sau!«, herrscht er Schiedsrichter Max Klauser auf dem Betzenberg an, weil der Mann in Schwarz einen Tritt gegen Kremers mit einem Freistoß für Kaiserslautern ahndet. Dreimal wiederholt der Schalker die Beleidigung und setzt auf Nachfrage Klausers hinzu: »Also jetzt noch mal für Doofe: Sie sind eine blöde Sau!« Bundestrainer Helmut Schön streicht Erwin Kremers daraufhin aus dem Kader für das Turnier im eigenen Land. Doch der verpasste WM-Sieg ist für Kremers im Rückblick nicht die größte Enttäuschung seiner Fußballerkarriere. Das ist und bleibt, sagt er, die verpasste Meisterschaft 1972 mit Schalke.

Geboren: 24. März 1949 in Mönchengladbach
Spieler auf Schalke: 1971–1979
Pflichtspiele für Schalke: 254 (54 Tore)
Erfolge mit Schalke: DFB-Pokalsieger (1972), Vizemeister (1972, 1977)
Weitere Erfolge: Europameister (1972)
A-Länderspiele: 15 (3 Tore)

KLAAS-JAN HUNTELAAR

Als er zu Beginn der Saison 2010/11 zu den Königsblauen wechselt, hat Klaas-Jan Huntelaar zwei ernüchternde Jahre hinter sich. Weder bei Real Madrid noch beim AC Mailand hat sich der holländische Stürmer durchsetzen können. Huntelaar hinkt seinen Erfolgen aus der heimischen Eredivisie und der Elftal weit hinterher. Der FC Schalke 04 allerdings setzt große Hoffnungen in den Angreifer und überweist Mailand stattliche 14 Millionen Euro Ablöse.

Der »Hunter« bricht uralte Schalker Bestmarken.

Huntelaar bedankt sich prompt. Schon in seinem zweiten Bundesligaspiel gelingt ihm das erste Tor im königsblau-weißen Trikot – ausgerechnet gegen Dortmund. So glückt Schalke in einem völlig verpatzten Revierderby wenigstens der Ehrentreffer.

Auch in den folgenden Wochen lässt Huntelaar den Ball regelmäßig im gegnerischen Netz zappeln. Nach zehn Einsätzen hat er bereits sieben Tore erzielt. Rosige Zeiten brechen für die Königsblauen deshalb jedoch ganz und gar nicht an. Die Mannschaft liegt mit Trainer Felix Magath im Clinch, und die Ergebnisse sind unberechenbar: Mal gewinnt man hochverdient mit 4:0 gegen Werder Bremen, mal geht man beim Aufsteiger aus Kaiserslautern mit 0:5 unter.

Huntelaar machen diese Schwankungen zu schaffen, sein Torriecher lässt nach. Zu allem Überfluss zieht er sich im Training eine Knieverletzung zu, die ihn für die halbe Rückrunde außer Gefecht setzt. Als die Schalker Vereinsführung schließlich die Notbremse zieht und Magath entlässt, kann Huntelaar sich bei dessen Nachfolger Ralf Rangnick nicht mal empfehlen. Doch der holländische Nationalspieler kämpft sich zurück: Zum 5:0-Sieg im Pokalfinale gegen den MSV Duisburg steuert er zwei Treffer bei, und auch in der Bundesliga trifft er zum Saisonende wieder. Der Bann ist gebrochen. Was folgt, ist eine Spielzeit der Superlative.

Am zweiten Spieltag der Saison 2011/12 markiert Huntelaar gegen den 1. FC Köln seinen ersten Bundesliga-Dreierpack, im DFB-Pokal trifft er gegen den FC Teningen sogar viermal, und im Rückspiel der Europa-League-Qualifikation schießt er wiederum vier Tore gegen HJK Helsinki – Klaas-Jan Huntelaar ist auf Schalke angekommen. Gemeinsam mit Raúl verzaubert der manchmal etwas stoffelig wirkende Holländer die Schalker Fans. Voller Stolz hält er am Saisonende die Torjägerkanone in den Händen. Doch damit nicht genug: Er stellt nicht nur den vereinsinternen Rekord von Stürmer-Legende Klaus Fischer ein, der in der Saison 1975/76 für seine ebenfalls 29 Bundesligatreffer mehr Einsätze benötigte, sondern knackt mit sagenhaften 48 Pflichtspieltreffern in einer Saison sogar die »ewige« Bestmarke von Hermann Eppenhoff.

Geboren: 12. August 1983 in Voor-Drempt (Niederlande)
Spieler auf Schalke: seit 2010
Pflichtspiele für Schalke: 83 (61 Tore)
Erfolge mit Schalke: DFB-Pokalsieger (2011), DFB-Ligapokalsieger (2011), Bundesliga-Torschützenkönig (2011/12)
A-Länderspiele: 59 (34 Tore) für die Niederlande

RESPECT
GAZPROM
25
04

ERNST KALWITZKI

Als der über 70-jährige Ernst Kalwitzki irgendwann Ende der 1980er-Jahre – Otto Rehhagel ist noch Trainer in Bremen – vor Anpfiff den mit Spielern des SV Werder gefüllten Bereich im Parkstadion betritt, weist »König Otto« seine Spieler an: »Meine Herren, stehen Sie einen Moment still! Kennen sie diesen Mann?« Rehhagel blickt in fragende Gesichter, er klärt seine Spieler auf: »Das ist Ernst Kalwitzki, Rechtsaußen der Wunderelf von Schalke 04! Einer der größten Fußballer überhaupt. Er hat einmal fünf Tore in einem Endspiel um die Deutsche Meisterschaft geschossen.«

Das Finale, auf das Rehhagel anspielt, hat 50 Jahre zuvor, am 18. Juni 1939, stattgefunden: Im Endspiel um die Deutsche Meisterschaft trifft Schalke im Berliner Olympiastadion vor 100 000 Zuschauern auf Admira Wien. Die Österreicher gelten als haushohe Favoriten, in den Zeitungen wird lediglich die Höhe des Sieges für Admira diskutiert. Das stachelt die Schalker an und bewegt Spielertrainer Ernst Kuzorra zu einigen Umstellungen.

An allen Titelgewinnen der glorreichen Zeit beteiligt.

Um den Wiener Spielmacher Fritz Klacl wird sich Kuzorra höchstpersönlich kümmern, Kalwitzki spielt statt seiner Mittelstürmer und Hermann Eppenhoff rückt auf Außen. Es ist eine Maßnahme gegen die gewöhnlich gut arbeitende Raumdeckung der Admira – und sie fruchtet. Der berühmte »Kreisel« tanzt wie nie zuvor. Schnelle kurze Pässe, technisch erstklassig vorgetragen und ein Ernst Kalwitzki in Höchstform. Beim 9:0-Kantersieg markiert »Kalli« fünf reguläre Tore, zwei weiteren Treffern des Schalkers versagt Schiedsrichter Schulz aus Dresden die Anerkennung.

Ernst Kalwitzki ist einer der vier Spieler, die an allen Titelgewinnen der glorreichen Schalker Zeit beteiligt sind. Sechs Deutsche Meisterschaften und der Pokalsieg 1937 werden mit dem flinken Ausnahmestürmer gewonnen. Er ist einer der unumstrittenen Stars der 1930er-Jahre in Fußball-Deutschland. Er schießt nicht nur an diesem denkwürdigen Endspieltag seine Tore, sondern ist in seiner gesamten Karriere als Stürmer mehr als erfolgreich. 54-mal trifft er in 66 Spielen um die Deutsche Meisterschaft, 36-mal in 28 Pokalspielen und 113-mal in 143 Gauligaeinsätzen in das gegnerische Tor.

Nach dem Krieg muss Ernst Kalwitzki seine Karriere in der ersten Mannschaft wegen schwerer Kriegsverletzungen beenden. Doch trotz Kniedurch- und Oberschenkelsteckschuss spielt Kalli noch sieben Jahre in der zweiten Garnitur, anschließend wird er Platzwart in der Glückauf-Kampfbahn. Mit seiner Frau Renate bezieht er eine kleine Wohnung unterhalb der Stadiontribüne, und als der Umzug ins moderne Parkstadion ansteht, geht Kalli in Rente.

Geboren: 3. Oktober 1909 in Gelsenkirchen
Gestorben: 3. Februar 1991 in Bremen
Spieler auf Schalke: 1933–1942
Pflichtspiele für Schalke: 245 (195 Tore)
Erfolge mit Schalke: Deutscher Meister (1934, 1935, 1937, 1939, 1940, 1942), DFB-Pokalsieger (1937)

EBBE SAND

»Wer spielt den Kopf-ball mit der Hand? ... Wer kriegt auf Do-sen Fla-schen-pfand? ... Wer köpft den Na-gel in die Wand? – Eb-be, Eb-be Sand!« Vermutlich steht im kompletten Duden nicht ein einziges Wort mit der Endung »and«, auf das nicht mindestens eine Strophe zu Ehren des dänischen Publikumslieblings gedichtet worden ist, der 1999 auf Schalke anheuert.

Mit seiner ruhigen, bescheidenen Art sowie einem unbändigen Kampfgeist und Siegeswillen bringt Ebbe Sand alles mit, was man auf Schalke von einem Stürmer erwartet. Und nachdem er zuvor in Dänemark dreimal Meister und zweimal Pokalsieger geworden ist, hat er auch in der Bundesliga große Ziele. Bereits in seiner Premierenspielzeit auf Schalke trifft er 15-mal. Was folgt, ist die Saison seines Lebens.

> **»Wer kriegt auf Dosen Flaschenpfand?«**

Gemeinsam mit Sturmpartner Emile Mpenza wirbelt Ebbe Sand die Defensivabteilungen der Bundesliga durcheinander. Dass dem kopfballstarken Stürmer drei Tore in einem Spiel gelingen wie bei Bayern München, ist in der Saison 2000/01 kein Einzelfall. Manager Rudi Assauer kommentiert den Torriecher seines Zehn-Millionen-Einkaufs trocken: »Ebbe könnte man momentan nachts um vier Uhr wecken, ihn auf den Platz stellen – und auch dann würde er treffen.«

Am Ende der Spielzeit hat der schlaksige Däne 22 Tore erzielt und ist »Torschützenkönig«. Was wegen der in letzter Minute verpassten Meisterschaft allerdings nur ein schwacher Trost für Sand ist. Auf das herzzerreißende Saisonfinale vom 19. Mai 2001 will er auch Jahre später lieber nicht angesprochen werden. Als er 2007 aus Dänemark anreist, um Schalke im neuerlichen Kampf um die Meisterschaft die Daumen zu drücken und es wieder nichts wird, weint Ebbe Sand bitterlich.

Bei seinen Kollegen in der Bundesliga ist der faire Stürmer sehr beliebt, und auch die Schalker Fans feiern ihren Ebbe noch frenetisch, als er nach dem Abschied von Mpenza nicht mehr ganz so oft trifft. Als der Mittelstürmer in der Hinrunde der Saison 2003/04 gänzlich ohne Torerfolg bleibt, gibt es weder Schmährufe noch Anfeindungen. Im Gegenteil: Ganz Schalke bangt mit Sand, und alle wünschen ihm, dass er wieder an seine erfolgreichen Tage anknüpfen kann. Was folgt, ist ein kleines Fußballmärchen.

Zum Rückrundenstart steht ausgerechnet das Revierderby bei Borussia Dortmund an. Ein an Dramatik kaum zu überbietendes und hitziges Spiel, an das man sich in Gelsenkirchen noch in vielen Jahren gern erinnern wird. An diesem Freitagabend gibt es auf Seiten der Schalker zwei große Gewinner. Der eine heißt Frank Rost – der Torwart ist mit zwei gehaltenen Elfmetern der erste Held des Abends. Der zweite Glückspilz wird erst in der 72. Minute eingewechselt und trifft kurz vor dem Abpfiff zum 1:0-Sieg: Ebbe Sand. Noch lange nach dem Spiel weint der glückliche Torschütze vor Freude.

Im Sommer 2006 beendet Sand seine Karriere als Fußballprofi und kehrt mit seiner Familie zurück nach Dänemark, wo die Einschulung seines ältesten Sohnes bevorsteht. Mit einem bewegenden Abschiedsspiel der »Meister der Herzen«-Mannschaft von 2001 gegen den aktuellen Bundesligakader sagt man in Gelsenkirchen wehmütig: »Farvel Ebbe!«

Geboren: 19. Juli 1972 in Aalborg (Dänemark)

Spieler auf Schalke: 1999–2006

Pflichtspiele für Schalke: 305 (102 Tore)

Erfolge mit Schalke: DFB-Pokalsieger (2001, 2002), Vizemeister (2001, 2005), Bundesliga-Torschützenkönig (2000/01)

A-Länderspiele: 66 (22 Tore) für Dänemark

KEVIN KURÁNYI

Sein Debüt für Schalke könnte nicht besser verlaufen. In seinem zweiten Bundesligaspiel für die Königsblauen gelingt Kevin Kurányi ein Doppelpack gegen den Reviernachbarn aus Dortmund. Der aus Stuttgart gekommene Stürmer ist der Matchwinner im 126. Revierderby – ein Einstand nach Maß! Auch in der Folgezeit sprechen die Zahlen meist für Kurányi. In jeder seiner insgesamt fünf Spielzeiten auf Schalke gelingen dem in Brasilien geborenen Kicker mindestens zehn Tore, mit insgesamt 71 Bundesligatreffern ist er nur knapp hinter Ebbe Sand auf Platz drei der vereinsinternen Bestenliste zu finden. Dennoch haben die Schalker Fans ein eher gespaltenes Verhältnis zu ihrem Top-Stürmer.

Schießt Kurányi Cottbus mit vier Treffern quasi im Alleingang aus der Arena oder gelingt ihm ein legendäres Fallrückziehertor im Revierderby, wird er gefeiert. Trifft er jedoch den gegnerischen Kasten nicht beim ersten Versuch oder bleibt er gar einige Spiele hintereinander torlos, verzeihen ihm die Anhänger das nur selten. Schmähungen in Bezug auf seine Werbeauftritte für eine Nuss-Nougat-Creme oder aber hinsichtlich seiner Bartpracht sind keine Seltenheit. So verlässt Kevin Kurányi am Ende seines Vertrages 2010 Schalke wieder und wechselt zu FK Dynamo Moskau, wo er seinen Erfolgsweg unbeirrt weitergeht. 2012 wird Kurányi dort sogar zum Kapitän der Mannschaft gekürt.

Geboren: 2. März 1982
in Rio de Janeiro (Brasilien)
Spieler auf Schalke: 2005–2010
Pflichtspiele für Schalke:
209 (87 Tore)
Erfolge mit Schalke:
DFB-Ligapokalsieger (2005),
Vizemeister (2007, 2010)
A-Länderspiele: 52 (19 Tore)

MARTIN MAX

Gleich in seiner ersten Saison auf Schalke hat Mittelstürmer Martin Max mit seinen elf Treffern großen Anteil daran, dass Schalke nach 19 Jahren wieder an einem europäischen Wettbewerb teilnehmen darf – und in diesem UEFA-Cup schreibt Max mehrfach Geschichte. Sein Treffer zum 3:3 in der »Hölle« von Trabzon ist genauso unvergessen wie das wichtige 1:0 im Achtelfinal-Rückspiel gegen den FC Brügge. Nach der 1:2-Hinspielniederlage in Belgien legt Max mit diesem Treffer den Grundstein für das Weiterkommen, 56 000 Fans sind freudetrunken.

Im Halbfinale muss Martin Max dann aufgrund einer schweren Bänderverletzung passen, doch in den Finalspielen des UEFA-Cups 1996/97 kann er wieder auflaufen. Am 21. Mai 1997 hat er dabei im Giuseppe-Meazza-Stadion beim Elfmeterschießen seinen größten Auftritt: Martin Max schießt Schalkes dritten Elfmeter. Er lässt Gianluca Pagliuca im Mailänder Tor in die falsche Ecke fliegen und 30 000 mitgereiste Schalker Fans in einen Siegesrausch fallen.

Trotz dieser historischen Leistungen hat Martin Max in den Folgejahren einen schweren Stand auf Schalke. Im Sommer 1999 wechselt er daher zum TSV 1860 München, wo er 2000 und 2002 Bundesliga-Torschützenkönig wird. Heute lebt Martin Max wieder im Ruhrgebiet, sein Sohn spielt erfolgreich in der A-Jugend des FC Schalke 04.

Geboren: 7. August 1968
in Tarnowskie Góry (Polen)
Spieler auf Schalke: 1995–1999
Pflichtspiele für Schalke:
133 (39 Tore)
Erfolge mit Schalke:
UEFA-Pokalsieger (1997)
A-Länderspiele: 1 (kein Tor)

MANFRED KREUZ

Seine Schüsse sind gefürchtet. Manfred »Manni« Kreuz hat eine linke Klebe, die die Torhüter seiner Zeit in Angst und Schrecken versetzt. »Der Bomber«, wie der Straßenfußballer Kreuz auch genannt wird, wechselt 1956 vom SC Hassel zu den Königsblauen. Allerdings möchte der junge Kreuz, der zu dieser Zeit am Finanzamt Borken arbeitet, seine berufliche Laufbahn für Schalke nicht unterbrechen, geschweige denn aufgeben. Da aber die vielen Trainingseinheiten und die lange Wegstrecke für den Beamtenanwärter nicht miteinander zu vereinbaren sind, macht er für den Vereinswechsel seine Versetzung an das Finanzamt Gelsenkirchen zur Bedingung.

Der Finanzbeamte mit der satten linken Klebe.

Seinen größten Auftritt in zwölf Jahren für Schalke hat Kreuz zweifelsohne 1958 im Endspiel um die Deutsche Meisterschaft, als ihm vor 81000 Zuschauern gegen den Hamburger SV das sehenswerte 3:0 gelingt: Ein unhaltbarer Schuss, abgezogen mit dem starken linken Fuß, schlägt direkt am linken Torpfosten ein und bricht die Gegenwehr des HSV endgültig. Als Manni Kreuz bei der Rückkehr die jubelnden Menschenmassen am Gelsenkirchener Hauptbahnhof sieht, hat er Tränen in den Augen. Zu lange hat Schalke auf diese Meisterschaft warten müssen.

Ein weiteres wichtiges Spiel für Kreuz folgt Jahre später, als Schalke in der Bundesligasaison 1965/66 vor dem Abstieg steht und am 32. Spieltag unbedingt einen Sieg gegen Borussia Neunkirchen braucht. Auch hier gelingt dem »Bomber« ein Tor. Es ist das erlösende 2:0 in der 85. Minute, das die Menschen in der Glückauf-Kampfbahn endlos jubeln lässt und den Abstieg noch einmal abwendet. Schon in der Vorsaison hat Schalke die Liga nur halten können, weil diese um zwei Mannschaften aufgestockt wird. Viele Spieler verlassen daraufhin den Verein, doch Manni Kreuz bleibt Schalke treu.

Dass es in dieser Zeit nicht zu einer Berufung in die Nationalmannschaft reicht, mag an Kreuz' Angewohnheit liegen, sich nach dem Training schon mal ein Bier nebst Zigarette zu gönnen – so etwas mag der konservative Bundestrainer Sepp Herberger gar nicht leiden.

Bis 1968 steht der »Bomber« in insgesamt 241 Pflichtspielen für Schalke auf dem Rasen. Bedingt durch eine Meniskusoperation beendet er danach seine aktive Laufbahn, doch er bleibt dem Verein auch in den folgenden zwölf Jahren erhalten, als Trainer der Amateurmannschaft. Seinen Beruf als Finanzbeamter hat Manfred Kreuz dabei in all den Jahren nicht aufgegeben – wobei er Schalke auch nach seiner Zeit im öffentlichen Dienst noch zur Verfügung steht. Als 75-Jähriger ist Manni Kreuz Mitglied des Ehrenrats. Jahre zuvor ist er bereits in die Schalker »Ehrenkabine« aufgenommen worden.

Geboren: 7. März 1936 in Buer-Hassel
Spieler auf Schalke: 1956–1968
Pflichtspiele für Schalke: 241 (66 Tore)
Erfolge mit Schalke: Deutscher Meister (1958)

HERMANN EPPENHOFF

Für einen Stürmer ist Antizipation eine unersetzliche Eigenschaft. Hermann Eppenhoff scheint stets zu wissen, wohin der Ball rollt. In der Saison 1940/41 stellt er einen Schalker Torrekord auf, der bis 2012 Bestand haben soll. Insgesamt 42 Tore schießt er in dieser Saison, davon 28 in nur 19 Ligaspielen sowie 13 in den acht Endrundenspielen zur Deutschen Meisterschaft, eines im Pokal. Dreimal kann Hermann Eppenhoff den Titel mit Schalke vor und während des Kriegs gewinnen, er ist dabei ein wichtiger Stützpfeiler seines Teams. Als er 1949 aus russischer Kriegsgefangenschaft entlassen wird und nach Gelsenkirchen zurückkehrt, wird er bereits sehnsüchtig erwartet. Schalke ist so gut wie abgestiegen. Nur ein Qualifikationsspiel in Wuppertal gegen den VfL Benrath trennt die Königsblauen noch vom Abstieg.

Doch die Heimkehrer Hermann Eppenhoff und Walter Zwickhofer führen die Schalker Mannschaft zu einem unerwartet klaren 9:0-Sieg und sichern somit den Verbleib in der Oberliga-West. Danach wird eine neue Mannschaft um Hermann Eppenhoff aufgebaut, der 1955 der Einzug in das DFB-Pokalfinale gelingt. Schalke unterliegt dem Karlsruher SC mit 2:3, auch weil sich Eppenhoff schwer verletzt. Nach seinem Karriereende ist er als Trainer erfolgreich, unter anderem gewinnt er mit Borussia Dortmund die Deutsche Meisterschaft und den DFB-Pokal.

Geboren: 19. Mai 1919 in Wanne
Gestorben: 10. April 1992 in Gelsenkirchen
Spieler auf Schalke: 1938–1951
Pflichtspiele für Schalke: 271 (146 Tore)
Erfolge mit Schalke: Deutscher Meister (1939, 1940, 1942)
A-Länderspiele: 3 (3 Tore)

AUF KOHLE GEBOREN

SCHALKE

RÜDIGER ABRAMCZIK

Gemeinsam mit seinem Sturmpartner Klaus Fischer bildet Rüdiger Abramczik das Traumsturmduo der 1970er-Jahre. Den »Flankengott vom Ruhrschnellweg« nennt ihn die Boulevard-Presse, und auch das Erfolgsrezept Schalkes wird in einer der Überschriften dieser Zeit griffig erklärt: »Abi flankt – Fischer köpft – Tor.«

Abramczik ist ein fintenreicher und technisch ausgesprochen versierter Rechtsaußen, der punktgenaue Flanken auf den sprungstarken Mittelstürmer Klaus Fischer schlagen kann. Tatsächlich ist »Abi« der Garant für Fischers Tore. Wenn Rüdiger Abramczik wieder einmal den Ball am Fuß hat und zu einem seiner Sturmläufe ansetzt, machen sich 60 000 Augenpaare im Parkstadion automatisch auf die Suche nach Klaus Fischer.

Auf einem der unzähligen typischen Ruhrgebietshinterhöfe hat Rüdiger Abramczik das Fußballspielen erlernt. Schon in jungen Jahren merkt der etwas schmächtige Abi schnell, wie er sich gegen die oft älteren und robusteren Jungen aus der Nachbarschaft durchsetzen kann. Schon damals vernascht er seine Gegenspieler reihenweise und dribbelt sich durch deren Beine, um viele Tore in mit Kreide auf Mauern aufgemalte Tore zu schießen. 1964 schließt er sich in Gelsenkirchen-Erle einem Verein an, ehe er von Berni Klodt für Schalke entdeckt wird. Kurz darauf schon debütiert Abi als 17-Jähriger beim letzten Spiel in der Glückauf-Kampfbahn im Intertoto-Cup gegen Standard Lüttich. Präsident Günter Siebert spricht schnell von einem »neuen« Stan Libuda, und tatsächlich ähnelt Abramczik dem großen Idol. Wie Libuda ist Abramczik trickreich, aber außerhalb des Platzes ist er auch ähnlich introvertiert und heimatverbunden. Und noch etwas hat er mit Stan gemeinsam: Auch er wechselt eines Tages nach Dortmund, was Schalke 1980 immerhin die damalige Rekordtransfersumme von 1,1 Millionen Mark einbringt. Und dieses Geld ist wieder einmal bitter nötig.

> **»Abi flankt – Fischer köpft – Tor.«**

Denn wie auch andere Wechsel in die »verbotene Stadt« ist auch dieser aus der notorischen Schalker Finanznot heraus geboren. Doch solche Hintergründe interessieren den enttäuschten königsblauen Anhang nicht: Fortan muss sich Abramczik bei den Derbys Böses aus dem Schalker Block anhören. Doch nach drei Jahren kehrt er Dortmund den Rücken, spielt in Nürnberg, für Galatasaray Istanbul und Rot-Weiß Oberhausen, ehe er nach sieben Jahren Pause noch einmal beim FC Schalke unterschreibt. Er soll als Libero aushelfen. »Abi ist wieder daheim«, titelt die Vereinszeitung *Schalker Kreisel*. Doch es bleibt ein kurzes Comeback. Nach vier Einsätzen und insgesamt 359 Bundesligaspielen ist endgültig Schluss für Abi, den »Flankengott vom Ruhrschnellweg«.

Geboren: 18. Februar 1956 in Gelsenkirchen
Spieler auf Schalke: 1973–1980, 1987
Pflichtspiele für Schalke: 235 (58 Tore)
Erfolge mit Schalke: Vizemeister (1977)
A-Länderspiele: 19 (2 Tore)

HERBERT BURDENSKI

»Budde« ist ein echter Allrounder gewesen. Ob Mittel- oder Außenstürmer, ob im Mittelfeld oder hinten in der Verteidigung – Herbert Burdenski hat bis auf die Torwartrolle sämtliche Positionen beim FC Schalke 04 bekleidet. Doch am wohlsten fühlte er sich stets ganz vorn im Sturm.

1935 fällt Ernst Kuzorra bei den Gelsenkirchener Schulmeisterschaften ein 13-jähriger Knirps auf. Kurzentschlossen drückt das Schalker Idol dem kleinen Herbert Burdenski zehn Mark für die Eltern in die Hand und lädt ihn so zum Probetraining ein. Doch Burdenski fühlt sich nicht wohl. Er ist der Meinung, sein Jugendtrainer stelle ihn zu selten auf. Wieder schaltet sich Kuzorra ein und ordnet an: »Der Junge spielt!« Dann geht alles ganz schnell.

Erster Länderspieltorschütze nach dem Krieg.

Schon im Alter von 17 Jahren feiert »Budde« seine Premiere in der ersten Schalker Mannschaft und ist fortan aus diesem Team auch nicht mehr wegzudenken. Das Endspiel um die Deutsche Meisterschaft 1940, das mit einem 1:0 gegen den Dresdner SC endet, ist der erste große Höhepunkt in der Karriere von Herbert Burdenski. 1942 holt er als 20-Jähriger gegen Vienna Wien seinen zweiten Meistertitel. Und auch in der Nationalmannschaft debütiert »Budde« in diesem Jahr beim 6:0-Erfolg der Deutschen gegen Finnland. Durch den Krieg wird die steile Karriere des Ausnahmespielers gestoppt. Burdenski dient als Soldat im Osten, gerät in Gefangenschaft und kehrt 1946 in die Heimat zurück.

Er wird dank eines lukrativen Angebots 1949 Spieler bei Werder Bremen, wo er fünf Jahre später seine aktive Laufbahn beendet. Zahlreiche Trainerstationen folgen, doch Buddes Herz schlägt zeitlebens für Schalke. Über 65 Jahre lang ist er Vereinsmitglied, Träger der Goldenen Verdienstnadel mit Brillanten, sitzt in den 1990er-Jahren im Ehrenrat, ist eine Zeit lang Mitglied im Aufsichtsrat und wird sogar noch als 78-Jähriger ins Schalker Ehrenpräsidium gewählt. Viele Jahre kümmert sich Burdenski auch um das Vereinsarchiv und gilt als wandelndes königsblaues Geschichtsbuch. Schon zu Ernst Kuzorras Zeiten schreibt der junge Herbert alles über seinen Verein auf, doch im Zweiten Weltkrieg fällt ein Großteil der Notizen einem Bombenangriff zum Opfer.

Der Name Herbert Burdenski wird darüber hinaus mit einem weiteren fußballhistorischen Moment in Verbindung gebracht: Beim ersten Länderspiel nach dem Krieg erzielt er vor 115 000 Zuschauern in Stuttgart per Elfmeter den 1:0-Siegtreffer gegen die Schweiz. Dass Budde insgesamt nur auf fünf Einsätze im Nationaldress kommt, ist nicht nur dem Krieg geschuldet, sondern auch Bundestrainer Sepp Herberger. Der urteilt lapidar: »Technisch hervorragend, aber leichtsinnig wie alle Schalker.«

Geboren: 19. Mai 1922 in Gelsenkirchen
Gestorben: 15. September 2001 in Gelsenkirchen
Spieler auf Schalke: 1940–1949
Pflichtspiele für Schalke: 106 (87 Tore)
Erfolge mit Schalke: Deutscher Meister (1940, 1942), Vizemeister (1941)
A-Länderspiele: 5 (2 Tore)

Geboren: 8. Mai 1948 in Gelsenkirchen
Spieler auf Schalke: 1966–1976, 1979–1983
Pflichtspiele für Schalke: 456 (1 Tor)
Erfolge mit Schalke: DFB-Pokalsieger (1972), Vizemeister (1972, 1977)
A-Länderspiele: 6 (kein Tor)

NORBERT NIGBUR

Schon mit seinem ersten Einsatz spielt sich der vom Gelsenkirchener Stadtteilclub Hessler 06 zum großen FC Schalke gewechselte Norbert Nigbur in die Herzen der Zuschauer. Mehrfach kann sich der 18-jährige Torwart, der erst wenige Wochen zuvor einen Profivertrag unterschrieben hat, in der ausverkauften Glückauf-Kampfbahn mit Glanzparaden auszeichnen. Trainer Langner hat ihn für den in den ersten Spielen unglücklich agierenden, bisherigen Stammtorwart Josef Elting gebracht. Nach seinem glänzenden Debüt an diesem 4. Spieltag der Saison 1966/67 beim 1:0 über den Favoriten aus Nürnberg bleibt Nigbur Schalkes Nummer eins.

> **555 Minuten ohne Gegentor.**

Dass der Keeper, der alle Jugendnationalmannschaften durchlaufen hat, auf Schalke und nicht anderswo unterschreibt, hat einen einzigen Grund: Nigburs Vater ist nicht nur »5000-prozentiger Schalker«, wie sein Sohn die Fan-Leidenschaft seines Vaters einmal beschrieben hat, sondern Papa Nigbur hat auch einige Spiele für Schalke absolviert. Da Norbert bei der Unterschrift unter seinen Arbeitsvertrag noch nicht voll geschäftsfähig ist, unterschreibt der Vater bei Präsident Fritz Szepans stolz das Papier. Es ist für Schalke eine gute Entscheidung. Nigbur wird zum Rückhalt der Schalker »Jahrhundertelf«, die 1972 den DFB-Pokal gewinnt.

Die Halbfinals dieses Wettbewerbes gegen den 1. FC Köln zählen zu den verrücktesten Spielen der Pokalgeschichte, und der erst 22-jährige Nigbur steht dabei im Mittelpunkt des Geschehens. Schalke verliert das Hinspiel – damals und in der Folgesaison gibt es je zwei Partien pro Runde im Pokal – mit 1:4. Im Rückspiel zu Hause gewinnen die Königsblauen 5:2 und gleichen nach damaliger Spielregel die Partie mit 6:6 aus. In den regulären 90 Minuten in der Glückauf-Kampfbahn hat Schiedsrichter Heckeroth bereits vier Elfmeter, davon drei für die Gastgeber, verhängt, von denen der Schalker Beverungen aber einen verschießt. In der Verlängerung gibt es den fünften Elfmeter, den Norbert Nigbur hält und Schalke somit ins Elfmeterschießen rettet.

Als Nigbur bei diesem mit 16 geschossenen Strafstößen epischen Schützenfest zwei weitere Elfmeter pariert und einen selbst verwandelt, wird er zum umjubelten Helden. Es ist ein Spiel für die Geschichtsbücher, in denen Norbert Nigbur außerdem mit dem Rekord von 25 gehaltenen Elfmetern geführt wird. Seine Bestmarken – 555 Minuten ohne Gegentor, 900 Minuten ohne Gegentor in Heimspielen – haben jeweils über zehn Jahre lang Bestand in der Bundesliga.

Norbert Nigbur reift zum Weltklasse-Torhüter, der jedoch nur auf sechs A-Länderspiele kommt. Bundestrainer Helmut Schön vertraut Sepp Maier von den Bayern, und Nigbur, den viele für den kompletteren Keeper halten, bleibt in der DFB-Elf die Nummer zwei. Jahrzehnte später wird er von den Fans in die Schalker Jahrhundertmannschaft gewählt. Die gleiche Ehre wird ihm auch bei Hertha BSC zuteil, wo er zwischen 1976 und 1979 spielt. 1975 tut Norbert Nigbur es seinen Freunden Erwin und Helmut Kremers gleich und nimmt eine Schallplatte auf. Deren Refrain »... ja, ja, wenn Schalke 04 nicht wär, wär das Parkstadion immer leer ...« wird noch heute gern von seinen Fans rund um die Arena auf Schalke gesungen.

HANS KLODT

Berni Klodts zwölf Jahre älterer Bruder Hans hütet vor dem Krieg das Schalker Tor. 1936 hat er Hermann Mellage abgelöst, was ein schweres Erbe ist, denn Mellage hat mit Schalke 1934 und 1935 die Deutsche Meisterschaft geholt. Aber Klodt wird schnell zum unumstrittenen Rückhalt der Mannschaft. Seine Strafraumbeherrschung, sein gutes Stellungsspiel und seine Reflexe zeichnen ihn aus. Außerdem ist er ein guter Fußballer und somit – Jahre bevor diese Diskussion intensiv geführt wird – ein Torwart, der mitspielt. Mit ihm auf der Linie gelingt Schalke 04 als erster deutscher Mannschaft 1937 das Double. Der Jubel am Schalker Markt ist grenzenlos, und es dauert nicht lange, da steht Hans Klodt auch im Tor der Nationalmannschaft.

Am 20. März 1938 gibt er beim 2:1-Sieg im Wuppertaler Stadion am Zoo gegen Luxemburg sein Debüt. 17-mal steht Hans Klodt für Deutschland im Tor, ehe der Krieg seine Karriere unterbricht. Als Hans Klodt im Herbst 1939 zum Militärdienst herangezogen wird, ist er gerade zum zweiten Mal Deutscher Meister mit Schalke geworden. Seine Karriere scheint unaufhaltsam auf ihren Höhepunkt zuzulaufen. 1940 sichert er sich im Endspiel um die Deutsche Meisterschaft gegen den Dresdner SC seinen dritten und letzten Titel mit Schalke.

Die Zeit in der Wehrmacht setzt Hans Klodt erheblich zu. Viele Beobachter machen die psychische Belastung des Torwarts auch verantwortlich für die Schalker Endspielniederlage 1941 gegen Rapid Wien: Binnen zehn Minuten drehen die Wiener einen 0:3-Rückstand in ein 4:3, wobei Klodt im Schalker Tor alles andere als eine »bella figura« macht. 1942 erleidet Hans Klodt an der Front eine Schussverletzung am Bein, die ihn zu einer langen Pause zwingt. Als Schalke 1942 zum sechsten Mal Deutscher Fußballmeister wird, hat Schalke mit Heinz Flotho bereits einen würdigen Ersatzmann im Gehäuse.

Ein mitspielender Keeper mit erstklassigen Reflexen.

1943 kehrt Hans Klodt nach auskurierter Verletzung wieder zurück, aber der Krieg hat die ungeheuer erfolgreiche Schalker Mannschaft auseinandergebrochen. Eine große Ära neigt sich ihrem Ende. Und auch in der Nationalmannschaft hat Klodt sein letztes Spiel längst absolviert. Als Deutschland 1950 nach dem Krieg erstmals wieder zu einem Länderspiel aufläuft, hat Hans Klodt seine Karriere bereits beendet. Herbert Burdenski hat später über den Gelsenkirchener Ausnahmetorwart einmal gesagt, er sei ein echter Kumpeltyp gewesen, überall beliebt und Allen sympathisch. Als Hans Klodt 1996 im Alter von 82 Jahren, ein halbes Jahr nach seinem Bruder Berni, stirbt, betrauert Schalke einen der besten Torhüter, der je zwischen den Pfosten dieses Clubs gestanden hat.

Geboren: 10. Juni 1914 in Gelsenkirchen
Gestorben: 7. November 1996 in Gelsenkirchen
Spieler auf Schalke: 1936–1948
Pflichtspiele für Schalke: 179 (3 Tore)
Erfolge mit Schalke: Deutscher Meister (1937, 1939, 1940), DFB-Pokalsieger (1937)
A-Länderspiele: 17 (kein Tor)

RUDOLF GELLESCH

Er ist einer der Spieler, die noch heute in einem Atemzug mit Ernst Kuzorra, Fritz Szepan oder Adolf Urban genannt werden, wenn vom Schalker Kreisel die Rede ist. Der gebürtige Gelsenkirchener Rudolf »Rudi« Gellesch tritt bereits 1926 als 12-Jähriger dem Verein bei. Zwar steht er 1934 beim Gewinn der ersten Deutschen Meisterschaft noch nicht in der legendären Schalker Mannschaft, doch ab 1935 zählt er – mit Ausnahme von 1941 – in nicht weniger als zehn Endspielen zu den herausragenden Schalker Spielern.

Der begnadete Techniker, der sich im halbrechten Mittelfeld um den Spielaufbau kümmert, feiert in dieser Zeit drei Meistertitel und einen Pokalsieg mit Schalke. Schnell wird Gellesch auch zum Nationalspieler und absolviert 20 Einsätze für Deutschland. Er ist Teilnehmer der WM 1938 in Frankreich und Mitglied der sogenannten Breslau-Elf, die bei einem Freundschaftsspiel in der damals Schlesien zugehörigen Stadt die Auswahl Dänemarks mit 8:0 überfährt. Doch der Krieg beendet auch Gelleschs Laufbahn. Beim Endspiel 1940 gegen Dresden fehlt er, weil er keinen Heimaturlaub bekommt. 1942 liegt er mit einer Schussverletzung in einem Warschauer Lazarett. Letztmals besucht Rudi Gellesch die Glückauf-Kampfbahn 1984 anlässlich des Benefizspiels für die Grubenopfer der Zeche Consul. Sechs Jahre später verstirbt Rudi Gellesch nach schwerer Krankheit im Alter von 76 Jahren.

Geboren: 1. Mai 1914 in Gelsenkirchen
Gestorben: 20. August 1990 in Kassel
Spieler auf Schalke: 1933–1945
Pflichtspiele für Schalke:
182 (38 Tore)
Erfolge mit Schalke:
Deutscher Meister (1935, 1937, 1939),
DFB-Pokalsieger (1937)
A-Länderspiele: 20 (1 Tor)

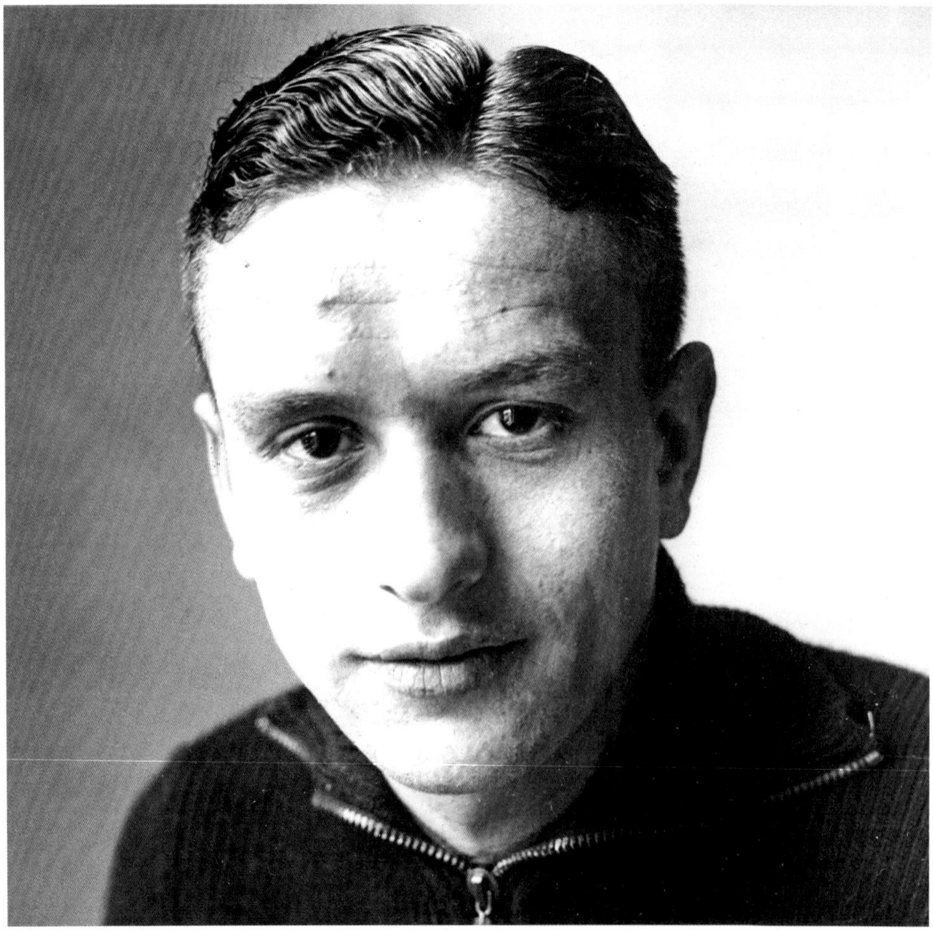

»ÖTTE« TIBULSKI

Als Otto »Ötte« Tibulsky am 25. Februar 1991 zu Grabe getragen wird, erweisen ihm mehr als 300 Trauergäste die letzte Ehre. Mit Tibulsky geht einer der ganz großen Spieler. Er ist in den goldenen Jahren an allen sechs Schalker Meisterschaften und dem Pokalsieg beteiligt. Tibulsky spielt vor der Abwehr und zeichnet sich durch ein erstklassiges Kopfballspiel aus. Dabei ist der nur 1,72 Meter große Stopper den meisten seiner Gegenspieler körperlich unterlegen, doch das macht er durch eine enorme Sprungkraft wett. Selbst der 18 Zentimeter längere Nationalspieler Helmut Schön hat in den Endspielen seines Dresdner SC gegen Schalke große Schwierigkeiten in den Luftduellen mit Tibulsky.

Nachdem er 1948 im Alter von 36 Jahren seine Laufbahn verletzungsbedingt beenden muss, bleibt Ötte Tibulsky Schalke treu: Mit seiner Frau bewirtet er lange Zeit das Vereinsheim an der Glückauf-Kampfbahn, in 18 von 66 Jahren Vereinszugehörigkeit ist er Mitglied des Ehrenrates. Ötte ist Träger des Goldenen Ehrenrings des Vereins, der Ehrenplakette sowie der Goldenen Clubnadel. Begonnen hat er mit dem Kicken in einer Schalker Schülermannschaft auf dem legendären Platz an der Gelsenkirchener Grenzstraße. Angeblich soll Ötte Tibulsky über 1000 Spiele in Königsblau bestritten haben. Nachgezählt hat das niemand, aber glauben tun es alle Schalker.

Geboren: 15. Dezember 1912 in Gelsenkirchen
Gestorben: 25. Februar 1991 in Gelsenkirchen
Spieler auf Schalke: 1932–1949
Pflichtspiele für Schalke: 307 (39 Tore)
Erfolge mit Schalke: Deutscher Meister (1934, 1935, 1937, 1939, 1940, 1942), DFB-Pokalsieger (1937)
A-Länderspiele: 2 (kein Tor)

BERNI KLODT

Er ist ein bescheidener, besonnener und ruhiger Sportsmann. Wo Berni Klodt in Gelsenkirchen seine Fußballschuhe schnürt, ist der Erfolg zu Hause. 1943 debütiert er im Alter von 17 Jahren in der ersten Schalker Mannschaft, wechselt aber 1948 zum Lokalrivalen STV Horst Emscher. Und mit den Emscher-Husaren kehrt er kurz darauf die Machtverhältnisse im Gelsenkirchener Fußball um. Doch 1950 wechselt Klodt wieder zurück auf Schalke und gewinnt gleich die Westdeutsche Meisterschaft. Unter Bundestrainer Sepp Herberger debütiert er im gleichen Jahr in der Nationalmannschaft und wird dort auf dem Flügel Stammspieler.

Klodt besitzt alle Eigenschaften, die ein guter Flügelspieler haben sollte: Er ist schnell, beidfüßig, trickreich, hat einen starken Zug zum Tor und einen außergewöhnlichen Abschluss. Bei der Weltmeisterschaft 1954 kommt er in den beiden Vorrundenspielen gegen die Türkei zum Einsatz und erhält allseits gute Kritiken. Doch Herberger lässt fortan den Essener Helmut Rahn spielen. Ohne Murren setzt Berni sich auf die Bank und trägt durch sein kameradschaftliches Verhalten seinen Teil zum späteren Triumpf der deutschen Elf bei. Nach dem Titelgewinn übergibt Sepp Herberger seine WM-Medaille mit folgenden Worten an Klodt: »Du bist der zwölfte Weltmeister!«

Auf Schalke wird um den erfahrenen Klodt, der so etwas wie ein Bindeglied zwischen dem Vor- und dem Nachkriegs-Schalke ist, eine junge, hungrige Mannschaft aufgebaut. Klodt, der sogar noch mit Szepan und Kuzzora zusammengespielt hat, ist das Gesicht des neuen Schalke. 1955 gelingt der Mannschaft der Einzug ins Pokalfinale, in dem man sich jedoch dem Karlsruher SC mit 2:3 geschlagen geben muss. Aber im Jahre 1958 kann die Mannschaft um Spielführer Klodt endlich wieder einen Titel nach Gelsenkirchen holen.

Sepp Herberger: »Du bist der zwölfte Weltmeister.«

Vor diesem Finale um die Deutsche Meisterschaft gegen den Hamburger SV sagt Klodt, dass ein Titelgewinn zum Ende der Karriere die Krönung seiner Laufbahn wäre. Und Schalke erwischt einen Traumstart: In der 5. Minute netzt Klodt eine Flanke von Willi Koslowski per Flugkopfball ein. Mit seinem 2:0 in der 29. Minute setzt Klodt sich selbst ein Denkmal. Und nachdem Manni Kreuz in der 80. Minute noch das 3:0 besorgt hat, ist Schalke 04 zum siebten Mal Meister.

Berni Klodt beendet seine Karriere nicht gleich nach diesem Erfolg, erst mit Beginn der Bundesliga 1963 ist Schluss für ihn. Parallel dazu gibt er auch seine Kneipe »Zum Schalker Kreisel« auf, die er in Gelsenkirchen seit 1952 nebenbei betrieben hat. Mit seiner Frau Annette zieht er nach Garmisch-Partenkirchen um, wo Berni Klodt 1996 im Alter von 69 Jahren stirbt.

Geboren: 26. Oktober 1926 in Gelsenkirchen
Gestorben: 23. Mai 1996 in Garmisch-Partenkirchen
Spieler auf Schalke: 1947/48, 1950–1962
Pflichtspiele für Schalke: 401 (163 Tore)
Erfolge mit Schalke: Deutscher Meister (1958)
Weitere Erfolge: Weltmeister (1954)
A-Länderspiele: 19 (3 Tore)

HAMIT & HALIL ALTINTOP

Die Altintop-Zwillinge sind das, was der Volksmund liebevoll »zwei echte Gelsenkirchener Jungs« nennt. Da der Vater, ein türkischer Gastarbeiter, bereits früh verstirbt, wachsen Hamit und Halil bei Mutter Meryem in einer kleinen Wohnung nahe des Gelsenkirchener Hauptbahnhofs auf. Gemeinsam durchlaufen sie die Jugendmannschaften von Schwarz-Weiß Gelsenkirchen-Süd und des TuS Rotthausen und schaffen mit 20 Jahren den Sprung in die Bundesliga.

Während Halil in Kaiserslautern unterschreibt, gelingt Bruder Hamit bei seinem neuen Verein, dem FC Schalke 04, ein Traumdebüt: Im allerersten Spiel als Profi – dem Derby gegen den BVB – trifft er zweimal und wird sofort Stammspieler.

Nach drei Jahren auf dem Betzenberg kehrt schließlich auch Halil als drittbester Torschütze der Bundesliga zurück in die Heimat und hat mit Schalke ein ehrgeiziges Ziel: den Gewinn der Deutschen Meisterschaft. Tatsächlich kommen die Zwillinge in ihrer einzigen gemeinsamen Spielzeit bei den Königsblauen dem großen Traum sehr nahe. Lange Zeit steht Schalke in der Saison 2006/07 ganz oben in der Tabelle. Man träumt vom großen Triumph, doch eine bittere Niederlage am vorletzten Spieltag zerstört alle Hoffnungen. Am Ende reicht es nur zur Vizemeisterschaft, und die Wege der Altintop-Brüder trennen sich erneut. Halil geht nach Frankfurt, Hamit landet bei den Bayern.

HAMIT ALTINTOP
Geboren: 8. Dezember 1982 in Gelsenkirchen
Spieler auf Schalke: 2003–2007
Pflichtspiele für Schalke: 148 (11 Tore)
Erfolge mit Schalke: Vizemeister (2005, 2007)
A-Länderspiele: 77 (7 Tore) für die Türkei

HALIL ALTINTOP
Geboren: 8. Dezember 1982 in Gelsenkirchen
Spieler auf Schalke: 2006–2010
Pflichtspiele für Schalke: 129 (25 Tore)
Erfolge mit Schalke: Vizemeister (2007)
A-Länderspiele: 38 (8 Tore) für die Türkei

MÄNNER OHNE TRIKOTS

CLEMENS TÖNNIES

Im Alter von 15 Jahren gründet Clemens Tönnies mit seinem ein Jahr älteren Bruder Bernd eine Firma. Früh haben die beiden erkannt, dass die elterliche Metzgerei gegen die Supermarktketten künftig chancenlos sein wird. Die Tönnies-Brüder beschließen, Zulieferer zu werden. Drei Jahre später haben sie bereits sechs Angestellte, heute gehört ihnen eines der größten fleischproduzierenden Unternehmen Europas.

Von Kindesbeinen auf sind Clemens und Bernd Tönnies hartes Arbeiten gewohnt, ihre Freizeit verbringen sie mit ihrem Vater oft in der Glückauf-Kampfbahn, später dann im Parkstadion. Als Schalke 1994 am Rande des Abgrunds steht, entschließt sich Bernd, dem Verein zu helfen. Nicht finanziell, sondern durch tatkräftiges Anpacken will er die Dinge wieder richten.

Der Mann, der Putins Handynummer hat.

Bernd Tönnies wird Präsident des krisengeschüttelten Clubs und schafft es tatsächlich, Schalke bei den Banken wieder kreditwürdig zu machen und vor der Insolvenz zu bewahren. Doch zu diesem Zeitpunkt ist der 42-Jährige bereits schwer krank, er stirbt knapp sechs Monate nach seinem Amtsantritt auf Schalke. Kurz vor seinem Tod gibt er seinem jüngeren Bruder Clemens noch mit auf den Weg: »Kümmere dich um Schalke!«

Clemens, der schon immer gern den Worten seines älteren Bruder gefolgt ist, nimmt sich Schalke an. 2001 wird er Aufsichtsratsvorsitzender und damit mächtigster Mann im Verein. Unter seiner unaufgeregten Regie kann Schalke mehrfach in die Champions League einziehen, wird Vizemeister und gewinnt dreimal den DFB-Pokal. Tönnies verschafft dem Club durch seine hervorragenden Beziehungen, die bis in den Kreml reichen, finanzstarke Sponsoren.

Der Mann, der Putins Handynummer hat, stellt sich auch beim Revierderby schon mal zu den Fans in die Kurve. Wie sein älterer Bruder ist Clemens Tönnies ein Mann der Tat, der zu seinem Wort steht, gerade auch wenn er unpopuläre Entscheidungen zu treffen hat. Sowohl in seinem Unternehmen als auch bei Schalke legt Tönnies viel Wert auf die Meinung seiner Mitarbeiter, doch wenn er sich auf eine Richtung festgelegt hat, verlangt er von allen, seinen Weg zu akzeptieren und an einem Strang zu ziehen – ein Erfolgsrezept, mit dem er für Schalke und vor allem für seinen Bruder Bernd eines Tages die Meisterschale wieder auf Schalke holen möchte. Doch Tönnies' wichtigstes Ziel ist, Schalke finanziell zu konsolidieren und auf ein gesundes, langlebiges Fundament zu stellen. Erst dann wird er sich ruhigen Gewissens von seinem zeitintensiven »Job« zurückziehen können. Auch in dem Wissen, dass die Ankunft der Schale auf Schalke dann wohl nur noch eine Frage der Zeit sein wird.

Geboren: 27. Mai 1956 in Rheda
Aufsichtsratsvorsitzender: seit 2001

JÖRG BERGER

Ohne den Trainer Jörg Berger wäre der größte Erfolg der Vereinsgeschichte gar nicht erst möglich gewesen. Berger hat den FC Schalke 04 nach langen 19 Jahren Abstinenz wieder in den internationalen Wettbewerb zurückgebracht. Er hat die Mannschaft zusammengestellt, mit der sein Nachfolger Huub Stevens 1997 dann den UEFA-Cup gewinnen kann.

Als es im Oktober 1993 auf Schalke wieder einmal »lichterloh brennt«, wird ein »Feuerwehrmann« gesucht. Helmut Schulte, der im Januar erst das Amt von Udo Lattek übernommen hat, ist nach einer 1:3-Niederlage gegen den SC Freiburg wegen Erfolglosigkeit beurlaubt worden. Schalke steht auf dem letzten Tabellenplatz der Bundesliga, Nachfolger von Schulte wird der aus Sachsen stammende Berger, der 1979 aus der DDR in die Bundesrepublik geflohen und im Frühjahr beim 1. FC Köln entlassen worden ist.

Berger tut, was ihm in seiner Trainerkarriere schon oft gelungen ist: Er schafft die Wende zum Guten. Schalke kann die Klasse halten. Zwar steht das Gerüst der späteren »Eurofighter« zu diesem Zeitpunkt bereits, doch Berger versteht es, die Mannschaft in den nächsten Jahren entscheidend zu verstärken.

Mit Manager Assauer gelingt es ihm, Publikumsliebling Olaf Thon zurückzuholen. Mit dem Tschechen Radoslav Látal verpflichtet er einen wichtigen Mittelfeldpartner für Jiří Němec, Martin Max wird für den Sturm geholt. Schalke beendet die Bundesligasaison auf Rang zehn, Berger schweißt die Mannschaft immer mehr zu einer Einheit zusammen, die am Ende der Spielzeit 1995/96 sensationell den dritten Tabellenplatz belegt – und damit ins internationale Geschäft zurückkehrt. Wieder wird das Team auf Bergers Anraten hin gezielt verstärkt: Mit Marc Wilmots und Johan de Kock kommen Spieler, die später entscheidenden Anteil am Gewinn des UEFA-Pokals haben. Doch Jörg Berger wird diesen Triumph nicht mehr als Trainer auf Schalke erleben.

Der Sachse baut das Gerüst der »Eurofighter«.

Weshalb der erfolgreich arbeitende Mann letztlich entlassen wird, bleibt bis heute nebulös. Fest steht, dass die Mannschaft wiederholt bei Manager Rudi Assauer vorspricht, weil sie mit dem Trainer unzufrieden ist. Assauer handelt und ersetzt den in der Öffentlichkeit beliebten und sympathischen Trainer durch Huub Stevens von Schalkes UEFA-Pokal-Erstrundengegner Roda Kerkrade. Eine Entscheidung, die die Anhänger des Vereins nicht mittragen wollen. Lautstark tun sie bei den Heimspielen ihre Sympathie für Jörg Berger kund – der Rest ist Geschichte. Wobei nicht vergessen werden sollte, dass der 2010 verstorbene Jörg Berger die historischen Momente von Mailand mit seiner Arbeit überhaupt erst möglich gemacht hat.

Geboren: 14. Oktober 1944 in Gdingen (heute: Polen)
Gestorben: 23. Juni 2010 in Duisburg
Trainer auf Schalke: 1993–1996

KÄRCHER
WEAR

RUDI ASSAUER

Als der für seine markigen Sprüche bekannte Rudi Assauer 1981 das erste Mal Manager des FC Schalke 04 wird, verkündet er lauthals: »Entweder schaffe ich Schalke – oder Schalke schafft mich.« Assauer steht auch in der Folge für direkte Worte – und für solide Arbeit. Was auch erforderlich ist. Denn in Assauers Anfangstagen gehört der krisengeschüttelte und skandalgeplagte Verein nun wirklich nicht zu den ersten Adressen im deutschen Fußball. Und so »schafft« 1986 zunächst einmal Schalke Assauer.

Sieben Jahre später wird Assauer vom damaligen Präsidenten Günter Eichberg zurückgeholt, und der Manager beginnt damit, Schalke wieder in ruhigeres Fahrwasser zu lotsen. Keine einfache Aufgabe, denn kurz darauf – nach Eichbergs Rücktritt – droht dem mit 20 Millionen Mark verschuldeten Club der Lizenzentzug. Assauer gelingt es, den Verein vor der Insolvenz zu retten und durch gezielte Spielertransfers Erfolg ins Berger Feld zu holen. Dabei gilt er als harter Verhandlungspartner mit ausgesprochen glücklichem Händchen.

Schalke schafft ihn, er erschafft das neue Schalke.

Als Schalke 1997 für alle völlig überraschend den UEFA-Pokal gewinnt, trägt die Elf die Handschrift ihres Managers. Doch das reicht Rudi Assauer noch lange nicht. Er arbeitet weiter hart an »seinem Schalke«, das in den Folgejahren nicht nur zweimal den DFB-Pokal und zwei Vizemeisterschaften holt, sondern 2001 auch den Umzug vom alten Parkstadion in die neue High-Tech-Arena vollzieht. Zu dieser Zeit ist Rudi Assauer Schalke, eine mächtigere Figur ist im Club nicht zu finden.

Zwar spaltet er immer wieder die Fans, wie etwa beim Transfer von Andi Möller oder dem Rausschmiss von Trainer Jörg Berger, doch der sportliche Erfolg gibt dem Manager stets Recht. Was immer Assauer zu dieser Zeit auch anpackt, es gelingt. Und mit dem Bau des modernsten Stadions Europas setzt er sich zu Lebzeiten ein Denkmal, das den Verein weltweit bekannt macht: Die Arena auf Schalke wird Austragungsort von Länder- und WM-Spielen, unzähligen Konzerten, Opern, dem Champions-League-Finale 2004 und natürlich den stets ausverkauften Heimspielen von Schalke 04.

2006 tritt Rudi Assauer nach unüberbrückbaren Differenzen mit dem Vorstand zurück. Zwar bietet ihm der Verein den Posten eines sogenannten Vereinspräsidenten an, aber Assauer schlägt aus. Es ist eine Entscheidung, die dem Zigarrenraucher nicht leicht fällt, wohl aber auch seinem rapide schlechter werdenden, damals noch geheim gehaltenen Gesundheitszustand geschuldet ist. Als 2011 seine Biografie erscheint und Rudi Assauer seine Demenz thematisiert, ist nicht nur die deutsche Fußballwelt erschüttert.

Geboren: 30. April 1944 in Sulzbach-Altenwald
Manager auf Schalke: 1981–1986, 1993–2006

IVICA HORVAT

Die Wege des Jugoslawen Ivica Horvat und von Schalke 04 kreuzen sich erstmals 1953, als die Königsblauen bei dem vom Schweizer Erstligisten Grasshoppers Zürich veranstalteten internationalen Turnier um die »Grasshoppers Trophy« gegen Dinamo Zagreb mit 1:3 unterliegen. Horvats Gegenspieler ist Schalkes Stürmer Günter Siebert, der alles andere als gut gegen den Weltklassestopper aussieht. 17 Jahre später begegnet man sich ein zweites Mal: Im Viertelfinale des Europapokals der Pokalsieger heißt Schalkes Gegner wieder Dinamo Zagreb, inzwischen ist Horvat dort Trainer. Trotz der zwei Niederlagen (1:3, 0:1) für Horvats Mannschaft lässt Siebert, inzwischen Präsident auf Schalke, ihn nicht mehr aus den Augen. 1971 verpflichtet »Oscar« den Übungsleiter als Nachfolger von dessen Landsmann Slobodan Cendic.

Horvat begeistert durch den Kombinationsfußball, den er auf Schalke fortan spielen lässt. Er formt die legendäre 1972er-Mannschaft zu einer spielenden Einheit. Flüssige, schnelle Spielzüge über die Flügelzangen Kremers und Libuda, die in der Mitte Klaus Fischer finden, lassen die gegnerischen Abwehrreihen verzweifeln. Die Zuschauer fühlen sich an die goldenen königsblauen 1930er-Jahre erinnert. Horvat versteht es, die individuellen Stärken jedes einzelnen Spielers zu verbessern. Insbesondere für die Belange der jungen Spieler im Kader, die Respekt vor Horvats Erfolgen als Spieler und seiner Autorität als Trainer haben, hat er stets ein offenes Ohr. Seine ruhige, väterliche Art erweist sich als perfekt für den damaligen Schalker »Kindergarten«. So können sich die Talente stetig verbessern.

Schalke startet in die Saison 1971/72 mit vier Siegen in Folge. Nach einer unnötigen Niederlage gegen Eintracht Frankfurt folgen fünf weitere Siege und ein Unentschieden. »Horvat, lass die Löwen raus« schallt es bei den Partien durch die Glückauf-Kampfbahn. Bis zum Ende der Saison wird Schalke zu Hause nur einen einzigen Punkt abgeben. Souverän wird die Mannschaft Herbstmeister und muss doch am Ende der Saison den Münchener Bayern den Titel überlassen. Für viele der damaligen Spieler ist das eine der größten Enttäuschungen ihrer Karriere.

Die Stärken jedes Spielers verbessern.

Doch diesem verpassten Titelgewinn lässt die hungrige Mannschaft unter Horvat nur eine Woche später den DFB-Pokalgewinn folgen. Das 5:0 gegen den hoffnungslos überforderten 1. FC Kaiserslautern ist der höchste Finalsieg in der Geschichte des Wettbewerbs. Es ist ein Erfolg, der ohne Ivica Horvat nicht denkbar ist. Dass es in den folgenden Jahren bei dem einen Titel bleibt, ist sicher dem Bundesligaskandal geschuldet, nicht dem großen Engagement der jugoslawischen Trainerlegende.

Geboren: 16. Juli 1926 in Sisak (Jugoslawien, heute: Kroatien)
Gestorben: 27. August 2012 auf Krk (Kroatien)
Trainer auf Schalke: 1971–1975, 1978–1979

PETER NEURURER

Als an einem mehr als denkwürdigen Fußballnachmittag des Jahres 1989 mit einem 4:1-Sieg gegen Blau-Weiß 90 Berlin der Klassenerhalt in der Zweiten Liga geschafft ist, atmet ganz Schalke tief durch. Drei Trainer hatten ihr Glück in dieser Saison bereits versucht, ehe Peter Neururer am 26. Spieltag den Platz auf der Bank übernimmt. Schalke steht zu dieser Zeit auf dem vorletzten Tabellenplatz, und so gut wie niemand in Gelsenkirchen glaubt noch an den Klassenerhalt. Das Oberliga-Gespenst geht um. Doch mit dem Motivationskünstler Neururer beginnt eine Aufholjagd, an deren Ende der Verbleib im Profifußball steht. Von den letzten zwölf Spielen kann Schalke sieben für sich entscheiden und spielt zweimal unentschieden. An dem denkwürdigen 11. Juni 1989 beim Spiel gegen Blau-Weiß 90 Berlin wird Neururer zum Retter des Vereins.

In der folgenden Saison verpassen Schalke und Neururer den Aufstieg knapp, man wird Tabellenfünfter. 1990/91 soll endlich der Wiederaufstieg gelingen, Schalke ist nach 17 Spieltagen Tabellenführer, liegt also voll im Soll. Was dann passiert, können viele Anhänger des Vereins bis heute nicht fassen. Kurzerhand wirft Präsident Günter Eichberg Neururer hinaus und ersetzt den Liebling der Massen durch Aleksandar Ristic. Doch der Retter des Vereins, das bleibt für immer »Peter, der Große«.

Geboren: 26. April 1955 in Marl
Trainer auf Schalke: 1989–1990

»EDI« FRÜHWIRTH

Er ist der Mann, der den bisher letzten Meistertitel nach Schalke geholt hat. Als Eduard »Edi« Frühwirth 1954 das Traineramt übernimmt, ist die Euphorie groß. Soeben ist Deutschland in der Schweiz Weltmeister geworden – und der Österreicher Frühwirth hat mit der Auswahl seines Landes beim selben Turnier einen beachtlichen dritten Platz erspielt.

Frühwirth ist ein Trainer der neuen Methoden: Ausgiebiges Aufwärmen kennen die Schalker Spieler bisher nicht, und dass ein Trainer Wert auf die Ernährung seiner Mannschaft legt, ist ihnen ebenfalls neu. Die Trainings-Kiebitze wundern sich über Übungen, bei denen der Ball nicht in, sondern über ein Netz gespielt wird. Noch merkwürdiger muten ihnen die kollektiven Atemübungen an.

Die Spieler jedoch folgen Edi Früwirth bedingungslos. Er versteht es, mit Menschen umzugehen, häufig führt er lange Einzelgespräche. Frühwirth setzt auf junge Talente, sein Erfolg basiert auf Disziplin und harter Arbeit. Konnten die Spieler früher eine halbe Stunde vor Spielbeginn erscheinen, müssen sie nun bereits zum Spiel der Reserve anwesend sein. Es ist – wie man heute wohl sagen würde – ein nachhaltiges Investment. Nachdem Schalke 1955 das Pokalendspiel gegen Frühwirths späteren Club, den Karlsruher SC, verloren hat, gelingt 1958 der große Wurf: Schalke wird Deutscher Meister.

Geboren: 17. November 1908 in Wien
Gestorben: 23. Februar 1973
auf der Autobahn München-Salzburg
bei einem Unfall
Trainer auf Schalke: 1954–1959

»BUMBAS« SCHMIDT

Als Hans Schmidt zu Schalke wechselt, ahnt noch niemand, dass mit ihm eine neue Zeitrechnung beginnen wird. Der Franke wird Nachfolger von Trainer Kurt Otto, der zwar 1933 mit Schalke bis ins Endspiel um die Deutsche Meisterschaft vordringen kann, dort aber mit 0:3 gegen Düsseldorf unterliegt. In Schalkes Boss Fritz Unkel reift die Überzeugung, dass seine allzu verspielte Mannschaft eine harte Hand braucht. Einen Trainer, der auch Spielern wie Szepan und Kuzorra sagen kann, wie sie sich vorbereiten und in den Spielen auftreten müssen.

Tägliches Training ist höchst ungewöhnlich.

Die Wahl fällt auf Hans Schmidt, den alle auf Schalke nur »Bumbas« rufen. Als Schmidt zu seiner neuen Mannschaft stößt, ist er als Spieler bereits einmal mit Fürth und dreimal mit Nürnberg Deutscher Meister geworden. In seiner jungen Trainerlaufbahn hat er mit Schwarz-Weiß Essen einmal das westdeutsche Pokalfinale erreicht. Er gilt als geradliniger Typ, der sich durch nichts von seinem Weg abbringen lässt. Ein Mann nach Unkels Geschmack, der dazu noch ein herausragendes taktisches Verständnis mitbringt.

Unter Schmidt wird der »Kreisel« zunächst verfeinert, dann perfektioniert. Der Übungsleiter rüttelt seine »phlegmatischen und temperamentlosen, westfälischen Dickköppe«, wie er sie nennt, wach und macht sie »härter, selbstbewusster und siegessicherer«, wie Meisterspieler Hans Borneman das später einmal aufschreiben wird. Beruhte der Kreisel vor Bumbas' Zeit hauptsächlich auf schnellem Doppelpassspiel, so wurden auf Anweisung des Trainers fortan auch die Flügelpositionen in das flüssige Offensivspiel einbezogen. Außerdem versucht man, die Gegner durch permanentes Kreiseln des Balles bereits in der eigenen Abwehr aus der Deckung zu locken. Gelingt das, spielt Schalke mit wenigen Doppelpässen schnell nach vorn. Die Schalker Spielanlage wird dadurch flexibler.

Schmidts tägliches Training ist für damalige Zeiten höchst ungewöhnlich, er fordert Disziplin und Laufbereitschaft. Zudem hat der neue Trainer ein Auge für gute Spieler. Im ersten Jahr seiner Tätigkeit baut er Ernst Kalwitzki und Ala Urban in die Mannschaft ein, ein Jahr später folgen Ernst Poertgen und Rudi Gellesch. So formt Bumbas Schmidt eine Mannschaft, die fast ein Jahrzehnt lang den deutschen Fußball beherrschen wird.

Als Schalke 1934 die erste Deutsche Meisterschaft gewinnt, ist die Handschrift des Trainers unverkennbar. Schmidt schafft es, 1935 den Titel zu verteidigen und 1937 das Double mit Schalke zu gewinnen. Es sind Erfolge für die Ewigkeit. Unter dem sturen, kumpelhaften und beliebten Franken wird Schalke mit dem Kreisel zur besten deutschen Mannschaft jener Zeit.

Geboren: 29. Dezember 1893 in Fürth
Gestorben: 31. Januar 1971 in Fürth
Trainer auf Schalke: 1933–1938

ROLF ROJEK

Als der Schalker-Fan-Club-Verband 1978 gegründet wird, herrscht in der Kurve oft noch ein rauer Ton, und die Organisation in Fan-Clubs dient vornehmlich dem Zweck, Fahrgemeinschaften zu den Spielen zu bilden. Doch schon damals gibt es einige Fans, die weiter denken: Sie wollen das Geschehen im Verein mitgestalten. Sie sehen das Stadion nicht nur als eine Art Abenteuerspielplatz und in den Fans mehr als grölende Stimmungsmacher. Am Ende sind es acht Fan-Clubs, die sich unter Vorsitz von Arthur Zebunke zum Schalker-Fan-Club-Verband zusammenschließen.

Knapp zwei Jahre später tritt Rolf Rojek mit seinem »Club Schalker Freunde« dem Verband bei und prägt fortan über 30 Jahre lang die Dachorganisation, die bis heute auf fast 1500 Fan-Clubs und nahezu 100 000 Fans angewachsen ist. Diese Anhänger können sich heute nicht nur auf alljährliche Besuche des Bundesligakaders freuen, sondern sich auch auf eine gerechte Verteilung der Eintrittskarten verlassen. Zudem steht bei Auswärtsspielen jedem Fan ein Ansprechpartner vor Ort zur Verfügung. Regelmäßige Spendenaufrufe durch den Verband für wohltätige Zwecke sind obligatorisch.

Mit Rolf Rojek erhalten die Fans 1994 erstmals einen Vertreter mit Stimmrecht im Aufsichtsrat des FC Schalke 04. Trotz mancher Kritik an seiner Person hat Rojek stets ein offenes Ohr für jeden Fan, und dank seines durch und durch blau-weißen Herzens hat er den Wechsel von der einst rauen Fanlandschaft zu einem besonnenem Miteinander der unterschiedlichen Gruppierungen entscheidend mitgeprägt.

Als der seinerzeit allmächtige Felix Magath die Macht der Fans bei einer Abstimmung auf einer Mitgliederversammlung zu spüren bekommt, ist ihm Rolf Rojek als angeblicher Drahtzieher ein Dorn im Auge. Magath, der wegen seiner undurchsichtigen Transferpolitik in der Kritik steht, will Rojek von seinem Amt entbinden, doch der Oberfan erfährt eine ungeheure Welle der Solidarität. Schlussendlich bleibt er Vorstand des bundesweit größten Fan-Club-Verbandes, und Magath scheitert auf Schalke nicht zuletzt auch wegen seines Streits mit den Fans.

Stets ein offenes Ohr für jeden königsblauen Fan.

Im November 2011 – ein halbes Jahr nach Magaths Demission – übergibt Rolf Rojek sein Amt an Frank Arndt, bleibt jedoch dem mit Arthur Saager inzwischen auf drei Personenen angewachsenen Vorstand noch bis 2014 erhalten. Doch so ganz gehen wird er wahrscheinlich auch dann noch nicht. Denn wer Rolf Rojek kennt, der weiß, dass er sich ein Leben ohne seine Arbeit mit und für die Fans des FC Schalke kaum vorstellen kann. Es bleibt zu hoffen, dass der SFCV das Lebenswerk von Rolf Rojek weiterführt, denn ohne seinen unermüdlichen Einsatz würde Vieles im Verein heute ganz anders aussehen.

Geboren: 25. Juni 1954 in Gelsenkirchen
Gründung des SFCV: August 1978

1904
Schalke

GERHARD REHBERG

13 Jahre lang ist Gerhard Rehberg Erster Vorsitzender des FC Schalke 04 – Fan des Clubs ist er indes von Kindesalter an. Als Neunjähriger wird er von einem Freund mit dem Schalke-Virus infiziert. Deshalb beschließt er 1952, von Schleswig-Holstein ins Ruhrgebiet zu ziehen. Dort besucht er in Essen eine Bergwerksschule und verpasst kaum ein Spiel seiner Schalker. Doch Gerhard Rehberg hat noch ein weiteres Interesse: Neben seiner Ausbildung zum Kumpel und später Steiger widmet er sich der Lokalpolitik. Für die SPD zieht er 1975 in den Rat der Stadt Gelsenkirchen ein, wird Vorsitzender des Sport- und Liegenschaftsausschusses und 1979 schlussendlich Bürgermeister der Kommune.

1994 ist ein turbulentes Jahr auf Schalke. Ex-Präsident Günter Eichberg hat dem Club einen riesigen Schuldenberg hinterlassen, sein Nachfolger Bernd Tönnies verstirbt plötzlich. Und als Helmut Kremers zum neuen Präsidenten gekürt wird, steht der Verein vor einer Zerreißprobe. Erst als der durch eine Satzungsänderung gewählte Rehberg die Geschicke im Verein übernimmt, brechen wieder ruhigere Zeiten an.

Bis 2007 steht Rehberg an der Spitze des FC Schalke 04 und prägt eine erfolgreiche Ära mit: 1997 holt Schalke sensationell den UEFA-Pokal, 2001 und 2002 den DFB-Pokal, und dreimal wird der Verein mit dem Präsidenten Gerhard Rehberg deutscher Vizemeister.

Geboren: 8. Januar 1936
in Chrabrowo
(Ostpreußen, heute: Russland)
Vorsitzender auf Schalke:
1994–2007

MALOCHER

adidas
Spielführer
S04

MARCELO BORDON

Wer an den »typischen« brasilianischen Fußballspieler denkt, dem kommen gern Attribute wie exzentrisch und extravagant in den Sinn, darüber hinaus Künstlernamen, eigenmächtig verlängerte Sommerpausen und Partys. Doch all das scheint Marcelo Bordon fremd. Schon zu seiner Stuttgarter Zeit steht der 1,90 Meter große Innenverteidiger eher für deutsche Tugenden wie Zuverlässigkeit, Disziplin und Fleiß. Es sind Eigenschaften, die auf Schalke gut ankommen und den Mann aus Ribeirão Preto schnell zu einem Publikumsliebling werden lassen.

Zusammen mit neun weiteren Neuzugängen verstärkt Bordon ab Sommer 2004 den FC Schalke. Die Königsblauen haben große Ambitionen und verpflichten mit dem Serben Mladen Krstajić sowie Bordons Landsleuten Ailton und Lincoln drei weitere Stars – der Erfolg lässt nicht lange auf sich warten. Schalke stellt von nun an für Jahre eine der stabilsten Abwehrreihen der Bundesliga. Mit dem kopfballstarken Abwehrchef Bordon in der Innenverteidigung, seinem Partner Krstajić sowie den Außenverteidigern Oude Kamphuis und Christian Pander, gelingt gleich der Einzug ins DFB-Pokalfinale sowie die Vizemeisterschaft.

Zwar muss Schalke jeweils Bayern München den Vortritt lassen, doch sichert Bordon Schalke mit seinen beiden Toren am letzten Spieltag gegen Freiburg den Platz in der Champions-League. Überhaupt ist er ein Garant für den Erfolg. Der Kämpfer Bordon: ein harter, aber immer fairer Verteidiger, der bei seinen offensiven Vorstößen gefürchtet ist. Seine fulminanten Freistöße und Kopfbälle nach Eckstößen sorgen stets für Gefahr im gegnerischen Strafraum.

Er dankt seiner Familie, dem FC Schalke 04.

Doch auch neben dem Platz macht der Brasilianer mit italienischen Vorfahren von sich reden. Seit seinem 18. Lebensjahr ist Bordon bekennender Christ, auf Schalke gründet er einen Bibelkreis. Er lebt seinen Glauben und bringt gemeinsam mit anderen »Schalker Christen« die Bücher »Mit Gott auf Schalke« und die »Schalke-Bibel« heraus. Seine wöchentlich gezeigten Leistungen machen ihn nicht nur 2006 zum Mannschaftskapitän, sondern zum Liebling der Fans.

Als er 2010 Schalke wieder verlässt, klafft nicht nur eine große Lücke in der Defensive. Schalke verliert an diesem Tage auch einen untadeligen Menschen, der mehr als nur »gut angekommen« ist im Ruhrgebiet. Dass die Menschen dieser Region auch ihm ans Herz gewachsen sind, davon können sich 40 000 Schalker Fans bei seinem Abschiedsspiel am 9. Juli 2011 überzeugen. Da spricht Marcelo Bordon mit Tränen in den Augen nicht nur seiner Frau und seinen Kindern Dank aus, sondern auch seiner »deutschen Familie«: dem FC Schalke 04.

Geboren: 7. Januar 1976 in Ribeirão Preto (Brasilien)
Spieler auf Schalke: 2004–2010
Pflichtspiele für Schalke: 231 (19 Tore)
Erfolge mit Schalke: Vizemeister (2005, 2007, 2010), DFB-Pokalfinalist (2005), DFB-Ligapokalsieger (2005)
A-Länderspiele: 1 (kein Tor) für Brasilien

RADOSLAV LÁTAL

»Lá-tal, Lá-tal, Ra-dos-lav Lá-tal, Lá-tal, Lá-tal, Ra-dos-lav Lá-tal«: Nach der Melodie Henry Valentinos Schlagerhit »Im Wagen vor mir« hallt es noch heute durch die blau-weißen Fan-Busse auf dem Weg zum Stadion. Der tschechische Nationalspieler, der an der Seite seines Landsmannes Jiří Němec spielt, ist einer jener Kicker, die Woche für Woche starke Leistungen bringen – ohne dass sie ob dieser groß in der Zeitung stehen. Obwohl Radoslav Látal alle zwölf Spiele der legendären UEFA-Pokal-Saison 1996/97 bestreitet und nur im Endspiel in Mailand durch eine spielstandbedingte, taktische Maßnahme von Trainer Stevens in der 111. Minute ausgewechselt wird, steht er klar im Schatten von Olaf Thon, Marc Wilmots, Jiří Němec und seinen anderen Eurofighter-Mannschaftskameraden.

Leistung bringen, ohne in der Zeitung zu stehen.

Látal ist ein Allrounder, der sowohl offensiv wie defensiv aufgestellt werden kann. Wegen seiner ausnehmend guten Kondition wird er in seiner tschechischen Heimat auch »Marathon-Mann« genannt. Látal arbeitet Fußball. Sogar im Sturm oder in der Abwehr hilft er aus, wenn die Personaldecke mal wieder dünn ist. Er spielt auf der Position, auf der man ihn am dringendsten benötig, ohne zu murren.

Als Schalke 1997 in die UEFA-Pokal-Endspiele gegen Inter Mailand einzieht, wird bekannt, dass die UEFA am Tag des Rückspiels ein Länderspiel Tschechiens angesetzt hat und der tschechische Verband auf Látals und auch Němecs Anreise besteht. Schalke setzt alle Hebel in Bewegung, denn die beiden Nationalspieler sind für den Club nicht zu ersetzen. Schlussendlich wird das Länderspiel verlegt, das glückliche Ende der Geschichte ist bekannt.

In den sieben Jahren, die Radoslav Látal auf Schalke spielt, ist er Stammspieler, doch ab Januar 1999 sind schwere Verletzungen ständiger Begleiter des Tschechen. Immer wieder muss er pausieren, und erst als er in der Saison 2000/01 wieder schmerzbefreiter aufspielen kann, kehrt auf Schalke der Erfolg zurück. Doch die Deutsche Meisterschaft wird auch der unermüdliche Kämpfer Látal leider nicht mit den Königsblauen erringen.

Seinen Abschied von den Schalker Fans nimmt er eine Woche nach dem verpassten Titel: Im Berliner Olympiastadion gewinnen die Knappen zum dritten Mal den DFB-Pokal. Und als Radoslav Látal beim Spielstand von 2:0 in der 80. Minute von Huub Stevens eingewechselt wird, feiern 30 000 mitgereiste Fans den Tschechen. Dass man auf Schalke noch heute, zehn Jahre später, »sein« Lied singt, das hätte der sympathische Dauerrenner wohl nie zu träumen gewagt. Verdient hat es Radoslav Látal aber allemal.

Geboren: 6. Januar 1970 in Olomouc (Tschechoslowakei, heute: Tschechien)
Spieler auf Schalke: 1994–2001
Pflichtspiele für Schalke: 225 (14 Tore)
Erfolge mit Schalke: UEFA-Pokalsieger (1997), DFB-Pokalsieger (2001), Vizemeister (2001)
A-Länderspiele: 58 (3 Tore) für die Tschechoslowakei und Tschechien

adidas
adidas

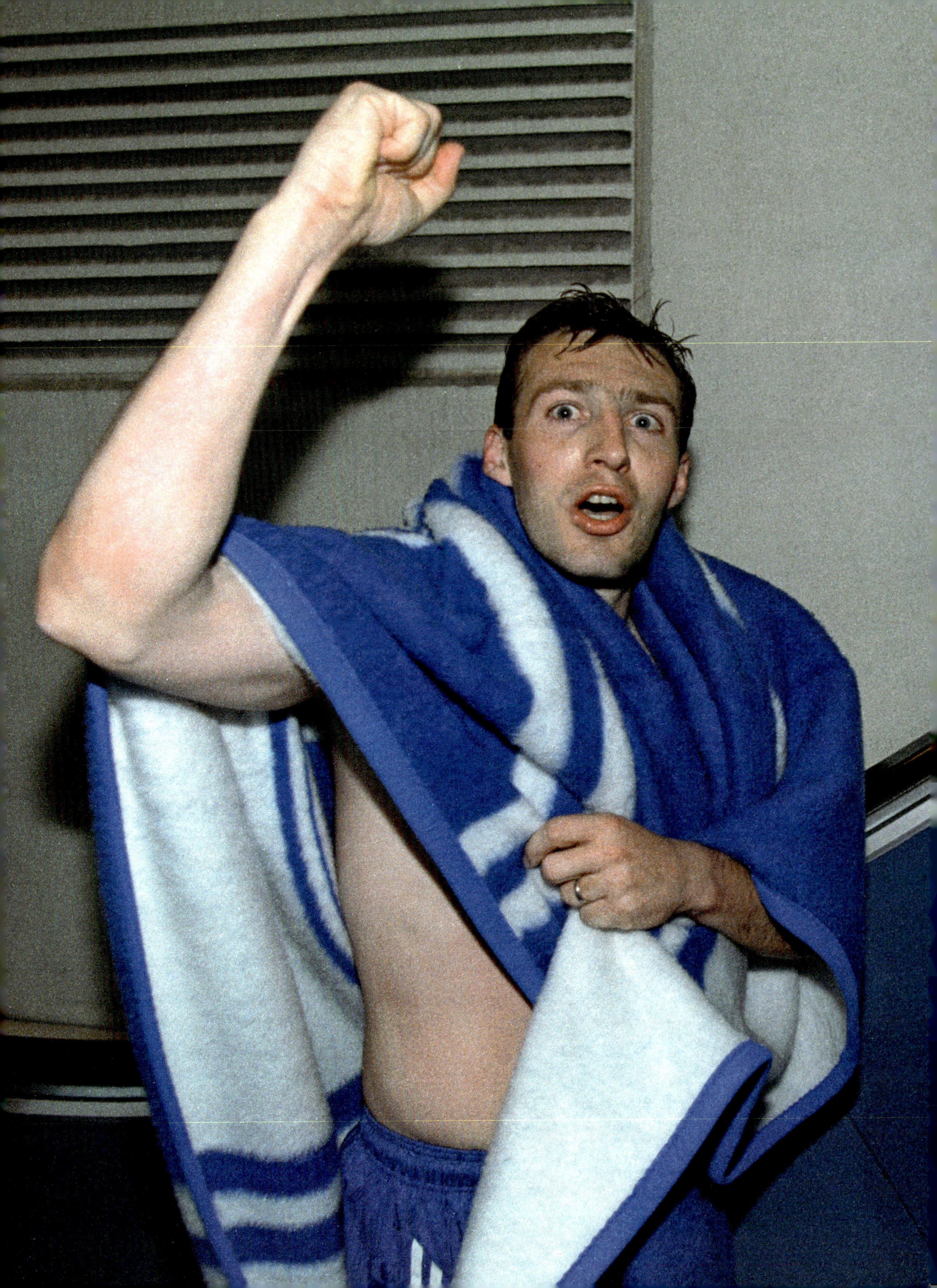

MARC WILMOTS

Auf dem Platz ist er ein Malocher, ein Kämpfer, der seinesgleichen sucht. Ehrfürchtig wird er wegen dieser in Gelsenkirchen so geliebten Eigenschaften von den Fans »Willi, das Kampfschwein« genannt. Doch »Willi« kann auch anders: Als offensiver Mittelfeldspieler direkt hinter den Spitzen spielt er einen technisch feinen Ball mit ungeheurer Übersicht und außergewöhnlichem taktischen Verständnis. Was ihn aber für Schalke unbezahlbar macht, ist sein Torinstinkt. Seine sechs Treffer im UEFA-Pokal sichern Schalke schlussendlich den »Pott«. Zweimal trifft er gegen Roda Kerkrade, schießt das wichtige 2:0 gegen Valencia und den Siegtreffer im Halbfinalrückspiel gegen CD Teneriffa, der das Parkstadion in seinen Grundfesten erbeben lässt.

Es kann nur ein echtes Kampfschwein geben.

Durch dieses Tor steht Schalke im Finale gegen Inter Mailand, und »Mr. Europacup« besiegt schließlich auch die Italiener fast im Alleingang. Sein 1:0-Siegtreffer im Hinspiel lässt ganz Königsblau bereits vom Pokal träumen. Und nachdem er beim entscheidenden Elfmeter im Rückspiel Inters Torwart Gianluca Pagliuca nicht den Hauch einer Chance lässt, hat Schalke 04 tatsächlich den UEFA-Cup gewonnen. Fortan wird Wilmots in einem Atemzug mit den legendären Schalkern der erfolgreichen 1930er-Jahre genannt. 1999 wählen die Fans den Belgier in die Schalker Jahrhundertelf, 2009 wird er in die »Ehrenkabine« aufgenommen.

Als Junge hat Marc Wilmots zwei Träume: Er will für sein Lieblingsteam Standard Lüttich auflaufen und in der deutschen Bundesliga spielen. Beides geht erfolgreich in Erfüllung. Auch die belgische Nationalmannschaft kann mit ihm bei den Weltmeisterschaften 1990, 1994 und 2002 jeweils bis ins Achtelfinale vorstoßen, nur 1998 scheitert Wilmots mit den »Roten Teufeln« bereits in der Vorrunde. Während Wilmots nach seiner vierten WM-Teilnahme die Länderspielkarriere beendet, kehrt er nach einem einjährigen Gastspiel bei Girondins Bordeaux zu Schalke zurück. Er hatte den Club verlassen, weil Rudi Assauer ihm Andi Möller vor die Nase gesetzt hatte. Die »Heulsuse« und das »Kampfschwein« in einer Mannschaft? Das kann sich nicht nur Marc Wilmots nicht vorstellen. Und doch: Nach seiner Rückkehr 2001 verteidigt Wilmots an der Seite von Möller erfolgreich den DFB-Pokal.

Sein nicht enden wollendes Verletzungspech zwingt den belgischen Sympathieträger schließlich, seine Karriere zu beenden. Ein dreimonatiges Gastspiel als Interimstrainer ist sein letzter Job auf Schalke. Danach kehrt Marc Wilmots in seine Heimat zurück, arbeitet zunächst als Vereinstrainer bei St. Truiden und seit 2012 als Nationaltrainer Belgiens. Eine Legende aber ist und bleibt er nur auf Schalke.

Geboren: 22. Februar 1969 in Dongelberg (Belgien)
Spieler auf Schalke: 1996–2000, 2001–2003
Pflichtspiele für Schalke: 178 (38 Tore)
Erfolge mit Schalke: UEFA-Pokalsieger (1997), DFB-Pokalsieger (2002)
A-Länderspiele: 70 (29 Tore) für Belgien

TOMASZ WAŁDOCH

Als der polnische Nationalspieler 1999 vom VfL Bochum zu den Königsblauen wechselt, formuliert der Abwehrrecke im *Kreisel* bescheidene Ziele: »Ich möchte einen Stammplatz, ob das klappt, bleibt abzuwarten.« Doch tatsächlich ist Tomasz Wałdoch überzeugt, noch ein wenig mehr zu schaffen: Er würde gern mit Schalke in der Champions League spielen, sagt er den verdutzten Journalisten. Soeben hat Schalke eine sehr durchwachsene Bundesligasaison auf Tabellenplatz zehn beendet.

Wałdoch gewöhnt sich gleich an das neue Umfeld und spielt eine gute Vorbereitung, die ihm einen Platz in der Startelf sichert. Fortan ist der kopfballstarke Innenverteidiger nicht mehr aus der Schalker Abwehrreihe wegzudenken, er verleiht der im Vorjahr wackeligen Defensive mehr Stabilität. Zwar schneidet Schalke am Ende von Wałdochs Premierensaison als Tabellen-13. schlechter ab als im Jahr zuvor, aber das liegt nicht an der Abwehr, die rund ein Viertel weniger Tore kassiert – im Gegenteil. So investiert Schalke schon im Winter massiv in die Offensive und verpflichtet mit Emile Mpenza einen schnellen Stürmer, im Sommer kommt mit Andreas Möller der lang gesuchte Regisseur.

Mit dem inzwischen zum Kapitän aufgestiegenen Wałdoch erobert Schalke daraufhin nicht nur schnell die Tabellenspitze, sondern auch im Sturm die Herzen der deutschen Fußballfans. Der Spielerrat hat den Polen zum Spielführer gewählt, was nach gerade mal einem Jahr Vereinszugehörigkeit die besondere Wertschätzung zeigt. Die Vizemeisterschaft und vor allem der erste Pokalgewinn seit 29 Jahren sind der Lohn für eine sensationelle Schalker Saison. Im Pokalfinale in Berlin muss Wałdoch jedoch passen, da er sich in der Woche zuvor am letzten Bundesligaspieltag gegen Unterhaching verletzt hat. Umso wichtiger ist es für den Kapitän, dass er als Erster den Pokal in den Händen halten darf. Zwar hat der DFB-Präsident zunächst Schwierigkeiten, den Schalker Spielführer im Anzug zu erkennen, doch nach kurzem »Nachhilfeunterricht« für Gerhard Mayer-Vorfelder darf Tomasz Wałdoch den Pott in den Berliner Himmel recken.

Sein Traum »Champions League« erfüllt sich.

Und Wałdochs große Hoffnung wird erfüllt: Er spielt mit Schalke in der Champions League. Zwar überstehen die königsblauen »Neulinge« die Gruppenphase nicht, trotzdem weiß Schalke gegen Mallorca und Arsenal London teilweise zu überzeugen und sammelt wichtige Erfahrungen im internationalen Geschäft. Nach 142 Einsätzen verlässt Tomasz Wałdoch den FC Schalke 04 im Jahre 2006. Doch noch im selben Jahr kehrt er zurück und übernimmt verschiedene Schalker Jugend- und Amateurmannschaften als Co- oder Cheftrainer.

Geboren: 10. Mai 1971 in Danzig (Polen)
Spieler auf Schalke: 1999–2006
Pflichtspiele für Schalke: 142 (12 Tore)
Erfolge mit Schalke: DFB-Pokalsieger (2001, 2002), UEFA-Intertoto-Cup-Sieger (2003, 2004), DFB-Ligapokalsieger (2005)
A-Länderspiele: 74 (2 Tore) für Polen

VICTORIA
Versicherungen

MLADEN KRSTAJIĆ

Als Schalke sich die Dienste von Mladen Krstajić sichert, ist er gerade Double-Gewinner mit Werder Bremen geworden. Ablösefrei kommt der Innenverteidiger nach Gelsenkirchen, wo er mit Marcelo Bordon über Jahre eines der besten Innenverteidiger-Gespanne der Bundesliga bildet. Nicht Wenige halten den Kapitän der Nationalmannschaft Serbiens und Montenegros sogar für den besten Defensivspieler der Serie. Mit Krstajić gewinnt Schalke die UEFA-Intertoto-Runde 2004, im Jahr darauf den Ligapokal – nicht zu vergessen zwei Vizemeisterschaften.

Als Linksfuß ist der kompromisslose Serbe die ideale Ergänzung zum Brasilianer Bordon. Als ihm in seinem ersten Spiel im UI-Cup gleich sein erstes Tor gelingt, stellt er erfreut fest: »In Bremen kommen in diesem Wettbewerb 5000 Zuschauer, hier über 50000. Das ist der Unterschied.« Ein Jahr später spielt Krstajić mit Schalke in der Champions League und scheitert in der Gruppenphase nur knapp am AC Mailand und dem PSV Eindhoven. Da sich in dieser Phase Schalkes Rechtsverteidiger Christian Pander verletzt, rückt Krstajić fortan auf dessen Position, und auch hier weiß er zu überzeugen. Mit Schalke dringt er bis ins Halbfinale des UEFA-Pokals vor. Dort erhält Mladen Krstajić im Hinspiel eine Rote Karte und muss tatenlos mit ansehen, wie seine Mannschaft das Rückspiel in Sevilla verliert.

Geboren: 4. März 1974 in Zenica (Jugoslawien, heute: Bosnien-Herzegowina)
Spieler auf Schalke: 2004–2009
Pflichtspiele für Schalke: 183 (12 Tore)
Erfolge mit Schalke: UEFA-Intertoto-Cup-Gewinner (2003, 2004), DFB-Ligapokalsieger (2005), Vizemeister (2005)
A-Länderspiele: 59 (2 Tore) für Serbien und Montenegro sowie Serbien

CHRISTIAN POULSEN

Im Herbst 2005 trifft Schalke in der Champions League auf den mit Stars gespickten AC Mailand. Es sind zwei Partien, die den Wert des Dänen Christian Poulsen für Schalke unmissverständlich verdeutlichen. Poulsen soll gegen Mailand die Kreise des Brasilianers Kaká eingrenzen. Eine Aufgabe, für die der Däne wie geschaffen ist. Poulsen ist ein unerbittlicher Zweikämpfer, der seine Gegenspieler über 90 Minuten so bearbeitet, dass bei so manchem schon die Sicherungen durchgebrannt sind.

Bei der Europameisterschaft 2004 etwa spuckt Gegenspieler Francesco Totti dem Dänen aus lauter Verzweiflung ins Gesicht, worauf der Italiener anschließend für drei Spiele gesperrt und Poulsen von den Tifosi als Staatsfeind betitelt wird. Etwas mehr als ein Jahr danach trifft Poulsen nun mit Schalke auf Mailand. Als er im Hinspiel in der 84. Minute ausgewechselt wird, erntet Poulsen in der Arena stehende Ovationen, denn er hat Kaká neutralisiert. Im Rückspiel im Giuseppe-Meazza-Stadion wird jede Ballberührung Poulsens von einem gellenden Pfeifkonzert begleitet. Trotzdem gelingt ihm der zwischenzeitliche Ausgleich zum 1:1, was Kakás zum Aufbrausen neigenden Mitspieler Gennaro Gattuso nicht ertragen kann. Die Bilder des wild vor Poulsen gestikulierenden Italieners gehen um die Welt, und Christian Poulsen wird zu einem der begehrtesten Sechser in ganz Europa.

Geboren: 28. Februar 1980
in Asnæs (Dänemark)
Spieler auf Schalke: 2002–2006
Pflichtspiele für Schalke:
156 (6 Tore)
Erfolge mit Schalke:
UEFA-Intertoto-Cup-Sieger (2003, 2004), DFB-Ligapokalsieger (2005), Vizemeister (2005)
A-Länderspiele: 92 (6 Tore)
für Dänemark

VELTINS

ANDREAS MÜLLER

Als Andreas Müller 1988 zum FC Schalke wechselt, ist er bereits Deutscher Meister mit dem VfB Stuttgart geworden. Schalke ist gerade abgestiegen und spielt in der Zweiten Liga. Doch da Müller ein Neuanfang mit gestandenen Spielern versprochen wird, lässt er sich dazu überreden, für Schalke im Unterhaus zu kicken. Der direkte Wiederaufstieg misslingt gründlich, und Andreas Müller muss insgesamt drei Spielzeiten warten, ehe Schalke 1991 den Weg zurück in die Erste Liga findet – woran Müller einen Riesenanteil hat. Am letzten Hinrunden-Spieltag der Zweitligasaison macht er mit einem spektakulären Tor auf sich aufmerksam. Nach einer Flanke verwandelt er per Fallrückzieher zum 1:1-Endstand in Kaiserslautern. Das Tor wird nicht nur zum »Tor des Monats«, sondern auch zum »Tor des Jahres« gewählt.

Mit dem defensiven Mittelfeldakteur spielt Schalke immer beständiger und steht am Ende der Saison 1995/96 sogar vor dem Einzug in den UEFA-Pokal. Eine Vorstellung, die den Fans nach vielen schweren Jahren fast den Verstand raubt. Der Gast an diesem 33. Spieltag ist der FC Bayern München, der noch um die Deutsche Meisterschaft kämpft. Bis zur 90. Minute steht es 1:1, dann flankt Uwe Scheer von der rechten Seite zu Andi Müller, der aus acht Metern unhaltbar an Oliver Kahn vorbei ins Tor der Bayern köpft. 70000 Fans bejubeln nach 19 Jahren wieder den Einzug einer Schalker Mannschaft ins internationale Geschäft.

Im UEFA-Cup steht Müller in elf von zwölf Spielen auf dem Platz und ist einer der Garanten für den Titelgewinn. Vier weitere Jahre spielt Müller noch, ehe er im Alter von 38 ins Management wechselt, wo er unter seinem Mentor Rudi Assauer Schalkes erfolgreichste Zeit nach dem Krieg einläutet. Dem Duo Assauer und Müller gelingen in dieser Zeit spektakuläre Spielerverpflichtungen, mit denen Schalke endlich wieder die Meisterschaft nach Gelsenkirchen holen möchte. Akteure von internationalem Format wie Christian Poulsen, Marcelo Bordon, Ailton, Mladen Krstajić, Hamit und Halil Altintop oder Lincoln kommen zu Schalke.

Dieser Fallrückzieher gegen Kaiserslautern …

Doch als Assauer 2006 hinwirft und Andreas Müller ihn beerbt, verlässt auch ihn das Glück. Die Fans lasten dem gebürtigen Schwaben, der längst zum Schalker durch und durch geworden ist, schlechte Spielertransfers und Trainerverpflichtungen an. Im März 2009 eskaliert die Situation, und Andreas Müller wird als Manager von Schalke 04 beurlaubt. Nach fast 21 Jahren im Verein ist es ein Abschied, der schwer fällt und Wunden hinterlässt. Als ihm der Vorstand um Clemens Tönnies den sofortigen Rücktritt nahelegt, verweigert Andreas Müller diesen.

Geboren: 13. Dezember 1962 in Stuttgart
Spieler auf Schalke: 1988–2000
Pflichtspiele für Schalke: 323 (32 Tore)
Manager auf Schalke: 2006–2009
Erfolge mit Schalke als Spieler: Bundesliga-Aufstieg (1991), UEFA-Pokalsieger (1997), »Tor des Jahres« (1991)

FRIEDEL RAUSCH

Berühmt wird Friedel Rausch am 6. September 1969. Es ist der Tag des bis heute wohl legendärsten Ruhrgebiet-Derbys. Schalke ist zu Gast in der hoffnungslos überfüllten Dortmunder Kampfbahn Rote Erde, die Zuschauer stehen bis an den Spielfeldrand. Viele haben sich ohne Eintrittskarte Zugang verschafft. Und so nimmt ein Spiel seinen Lauf, das unter diesen Begleitumständen heute wohl nie angepfiffen würde. Schalke ist von Anfang an die bessere Mannschaft und markiert in der 37. Minute durch Torjäger Hansi Pirkner das überfällige 1:0.

»... berühmt, weil dich mal so ein Köter gebissen hat.«

Sofort laufen Schalker Fans aufs Spielfeld, um den Treffer mit ihrer Mannschaft zu feiern. Ihnen hinterher eilen die von den Ordnern losgelassenen Schäferhunde ohne Maulkorb. Die Vierbeiner unterscheiden nicht groß zwischen Fan und Spieler und erwischen im Getümmel Friedel Rausch hart am Gesäß. Unter starken Schmerzen wird Rausch behandelt, während die Tumulte auf dem Platz befriedet werden. Danach geht das Spiel weiter, als sei nichts geschehen. Rausch spielt bis zum Ende der Partie durch, und die nach der Platzstürmung völlig desolat spielende Schalker Mannschaft muss in der 68. Minute den Ausgleich zum 1:1-Endstand hinnehmen.

Als Friedel Rausch einige Jahrzehnte nach diesem Vorfall dem damaligen Dortmunder Timo Konietzka begegnet, stichelt der: »Ich bin ja wegen meiner Tore berühmt, du, Friedel, aber nur, weil dich mal so ein Köter gebissen hat.« Was natürlich völlig übertrieben ist: Denn Rausch entpuppt sich nach seinem Wechsel zu Schalke 1962 als verlässlicher Verteidiger. Jahrelang ist er ein Garant im Abstiegskampf, ein Führungsspieler. Um ihn herum wird die junge, legendäre 1972er-Mannschaft aufgebaut. Bei den großen Erfolgen ist Rausch jedoch nicht mehr Teil dieser Mannschaft. Er beendet seine Karriere 1971.

Im März 1976 kehrt Friedel Rausch als Trainer zu Schalke zurück. Er löst den unbeliebten und erfolglosen Max Merkel ab, der Großes versprochen hat, doch nicht übers Mittelfeld der Tabelle herauskommt. Rausch gelingt es, die Mannschaft zu stabilisieren und mit ihr in den UEFA-Pokal einzuziehen. In der folgenden Saison steht Schalke nach neun Spielen nur auf Tabellenplatz neun, als die Mannschaft das Spiel des Jahrzehnts abliefert: Am 10. Spieltag hat Schalke beim FC Bayern München gegen ein Starensemble anzutreten. Schalke gewinnt an diesem denkwürdigen 9. Oktober 1976 mit 7:0, und Friedel Rausch hat mit seiner Mannschaft einen Paukenschlag gesetzt, der bis heute nachhallt. Am Ende der Saison steht für den FC Schalke 04 und Friedel Rausch die Vizemeisterschaft. Mit einem Fußball, der endlich wieder zu begeistern weiß.

Geboren: 27. Februar 1940 in Duisburg
Spieler auf Schalke: 1962–1971
Pflichtspiele für Schalke: 221 (7 Tore)
Trainer auf Schalke: 1976–1977

DARÍO RODRÍGUEZ

Als der Uruguayer Darío Rodríguez 2002 zum FC Schalke wechselt, eilt ihm ein zweifelhafter Ruf voraus. Der eisenharte und gelegentlich hitzköpfige Abwehrspieler hat in seinem Heimatland schon einmal für zehn Tage im Gefängnis sitzen müssen, weil er beim Montevideoer Derby zwischen Nacional und seinem Club Peñarol in eine wüste Schlägerei verwickelt gewesen ist. Dass Rodríguez weiß, wie Derbys auch ohne Fäuste gut funktionieren können, beweist er bei all seinen fünf Einsätzen für Schalke gegen Dortmund – keine dieser Partien geht verloren. 2006 wird Rodríguez dabei zum Helden der Schalker Ultra-Szene: Nach Spielende hat er das Trikot des BVB-Brasilianers Tinga erhalten, das er mit sichtbarer Freude in die Schalker Fankurve hineinwirft, wo es in Sekundenschnelle in tausend Stücke zerrissen wird.

Obwohl »Mister Zuverlässig« in 137 Einsätzen für Schalke immerhin 29 Gelbe Karten sieht, wird er nicht einmal des Feldes verwiesen. Seine wichtigsten Spiele für Königsblau bestreitet Darío Rodríguez in der Gruppenphase der Champions-League-Saison 2005/06, kann dabei jedoch das frühe Ausscheiden von Schalke nicht verhindern. Im darauf folgenden Jahr schafft der kopfballstarke Verteidiger mit Schalke den Einzug ins Halbfinale des UEFA-Pokals, das gegen den FC Sevilla nur knapp verloren geht.

Geboren: 17. Dezember 1974 in Montevideo (Uruguay)
Spieler auf Schalke: 2002–2008
Pflichtspiele für Schalke: 137 (9 Tore)
Erfolge mit Schalke: UEFA-Intertoto-Cup-Sieger (2003, 2004), DFB-Ligapokalsieger (2005), Vizemeister (2005)
A-Länderspiele: 51 (4 Tore) für Uruguay

GENIALE
WAHNSINNIGE

JÖRG BÖHME

»Schalke ist mehr als ein Fußball-Club, Schalke ist Religion. Als der erste Anruf kam, habe ich nicht lange überlegt!« Kaum ein anderer Fußballer hat Schalkes Fans in den letzten Jahren so verzückt wie Jörg Böhme. Kein anderer Bundesligaspieler schoss Freistöße und Ecken gefährlicher und härter als der Linksfuß. Wenn Jörg Böhme den Ball in die gegnerischen Strafräume zirkelte, brannte es lichterloh. Oft waren die Schüsse für die Keeper schlichtweg unerreichbar.

Mann zwischen Genie und Wahnsinn.

Böhme ist ein Mann ohne Nerven. Seine unglaublichsten Tore schießt er in jenen Momenten, in denen die Spiele auf Messers Schneide stehen. Ein Böhme-Tor dreht das Pokalfinale 2002 gegen Leverkusen, das Meisterschaftsfinale gegen Unterhaching 2001, und im selben Jahr gewinnt Schalke durch zwei Treffer von Böhme gegen Union Berlin den Pokal. Er schießt Kunsttore mit dem Außenrist, bei denen selbst ein Raúl denken könnte: »Wie macht er das bloß?« Lupfer gegen den damals weltbesten Torwart Oliver Kahn – für Böhme kein Problem. Elfmeter mit einer Geschwindigkeit von 120 Stundenkilometern geballert oder gefühlvoll in die Mitte gelupft – bei Böhme weiß niemand, was als nächstes kommt. »Er ist ein verrückter Typ, bei dem die Übergänge zwischen Genie und Wahnsinn manchmal fließend sind. Aber aufgrund seiner Unberechenbarkeit bereitet er auch dem Gegner immer wieder Kopfzerbrechen und ist dadurch jemand, der ein Spiel entscheiden kann«, erklärt Manager Rudi Assauer einmal.

Die Lieblingsposition Böhmes bei Freistößen ist halbrechts vom gegnerischen Tor an der Strafraumgrenze. Ob er dann das kurze oder lange Eck anvisiert, kann der Torwart nur ahnen. Doch was alle ruhenden Bälle Böhmes gemeinsam haben, ist die ungeheuerliche Geschwindigkeit, die sie kurz danach aufnehmen. Sekt oder Selters – Böhme kennt nur eine Geschwindigkeit: Vollgas. Der Berliner Torwart Gabor Kiraly kann ein Lied davon singen: Dreimal schenkt Böhme ihm innerhalb eines Jahres einen seiner unberechenbaren Freistöße ein.

Jörg Böhme wächst in Sachsen-Anhalt auf. Man sagt ihm einen Hang zum Rowdytum nach. Bei Carl-Zeiss Jena hat er genauso seine Schwierigkeiten wie später in Nürnberg, Frankfurt, bei 1860 München und in Bielefeld. Immer wieder gerät Böhme wegen irgendwelcher Eskapaden in die Schlagzeilen. Doch diese Zeiten lässt der »positiv Bekloppte«, wie ihn einmal Teamchef Rudi Völler charakterisiert hat, auf Schalke hinter sich. Jörg Böhme wird aufgrund seiner starken Leistungen im königsblauen Trikot Nationalspieler und bei der WM 2002 in Japan und Südkorea sogar Vizeweltmeister. Ein Karriereumschwung, so unvorhersehbar wie seine Freistöße.

Geboren: 22. Januar 1974 in Hohenmölsen (ehemals DDR)
Spieler auf Schalke: 2000–2004
Pflichtspiele für Schalke: 127 (31 Tore)
Erfolge mit Schalke: DFB-Pokalsieger (2001, 2002), UEFA-Intertoto-Cup-Sieger (2003, 2004)
Weitere Erfolge: Vizeweltmeister (2002)
A-Länderspiele: 10 (1 Tor)

GÜNTER EICHBERG

Anfang 1989 steht Schalke 04 vor dem Aus. »Wir hatten nicht einmal mehr Geld für das Waschpulver unserer Trikots«, beschreibt Mannschaftsbetreuer Charly Neumann die Situation. Da betritt mit dem schwerreichen Klinikbesitzer Günter Eichberg eine schillernde Person die Bühne. Auf einer außerordentlichen Mitgliederversammlung am 16. Januar 1989 stimmen mehr als 90 Prozent der Anwesenden für den sonnengebräunten Eichberg als neuen Schalke-Präsidenten.

Eichberg wird anfangs von vielen Fans mit Skepsis betrachtet. Ein Düsseldorfer Millionär mit Luxuslimousine und Chauffeur passt scheinbar nicht zu einem Arbeiterclub wie Schalke. Doch als sich schnell sportlicher Erfolg einstellt, weichen die Bedenken. Eichberg bringt nicht nur eigenes Geld mit, er verhindert mit der Verpflichtung von Trainer Peter Neururer auch den drohenden Abstieg ins Amateurlager. Es folgen weitere spektakuläre Transfers von Spielern und Verträge mit zahlungskräftigen Sponsoren. Eichberg beschreitet neue Wege der Vermarktung. Unter ihm gründet Schalke eine Marketinggesellschaft und steigt wieder in die Bundesliga auf. Der Verein leistet sich Spieler wie Steffen Freund, Thomas Linke und Radmilo Mihajlović. Namhafte Trainer wie Aleksandar Ristić und Udo Lattek nehmen auf der Bank Platz, als Berater gewinnt Eichberg Günter Netzer.

Dass in diesem Zusammenhang Geschichten in der Presse kursieren, die abenteuerlich anmuten, stört Eichberg nicht. Er steht dazu, dass der vom FC Bayern verpflichtete Jugoslawe Mihajlović seinen Verdienst quasi selbst bestimmen kann und Udo Lattek mit einer Mark pro Parkstadion-Zuschauer entlohnt wird. Als Eichberg schließlich Stürmerstar Bent Christensen verpflichtet, liegt ihm Schalke zu Füßen. Eichberg lässt viel Privatvermögen in den Verein fließen, baut gleichzeitig aber unbemerkt einen immensen Schuldenberg auf. Als der *Spiegel* erstmalig darüber berichtet, werden sofort Verleumdungsklagen formuliert, doch das Ende des Präsidenten auf Schalke ist unabwendbar.

Der Sonnekönig lebt auf allzu großem Fuß.

Eine der letzten Amtshandlungen Eichbergs erweist sich jedoch als richtungsweisend: Er verpflichtet Manager Rudi Assauer, der den Verein gemeinsam mit Eichbergs Nachfolger Bernd Tönnies wieder saniert. Dass Eichberg die erfolgreichen 1990er-Jahre als Schalke-Präsident nicht mehr erlebt, ist sicher auch seiner Unerfahrenheit im Fußballgeschäft sowie seiner großen Ungeduld geschuldet. Am Ende hinterlässt er Schalke einen Schuldenberg von über 20 Millionen Mark. Trotzdem sind nicht wenige Experten der Meinung, dass es die späteren Erfolge des Clubs ohne den »Sonnenkönig« aus Gütersloh nicht gegeben hätte.

Geboren: 1946 in Gütersloh
Präsident auf Schalke: 1989–1993

her Fußballmeister 195
Schalke 04 – HS
3 : 0

»OSCAR« SIEBERT

Der Spieler Günter Siebert feiert 1958 mit Schalke die Deutsche Meisterschaft. Noch heute sagt er, dass dieser Titelgewinn das schönste Erlebnis seines Lebens gewesen ist. Doch Siebert ist in den 1950er-Jahren auf Schalke nicht nur ein erfolgreicher Mittelstürmer, er erweist sich auch als überaus geschäftstüchtig. Nachdem er in Gelsenkirchen eine kleine Kioskkette aufgebaut hat, eröffnet er kurz darauf seinen ersten Supermarkt. Die Fußballschuhe muss der gebürtige Hesse wegen einer Knieverletzung 1959 an den Nagel hängen, doch sein Herz hängt weiter an Schalke.

**»Wo lebe ich?« –
»Im Herzen aller Schalker!«**

1967 wird Siebert in der Nachfolge von Fritz Szepan jüngster Präsident eines Bundesligisten. Getreu seinem Motto »Heute zählt nicht mehr das blaue Trikot, heute zählen die blauen Scheine«, kennt er nur ein Ziel: Siebert will auf Schalke eine Mannschaft zusammenstellen, die um Titel spielt. Mit seinem sicheren Gespür für Talente verpflichtet er die Kremers-Zwillinge aus Offenbach sowie Klaus Fischer. Aus Dortmund holt er Stan Libuda zurück, und er nimmt Duisburgs Heinz van Haaren sowie den jungen Aki Lütkebohmert vom TSV Marl-Hüls unter Vertrag. Zusammen mit Klaus Fichtel, Norbert Nigbur und Jürgen Sobieray bilden diese Spieler das Gerüst der Schalker »Jahrhundertelf«.

Nach einem sportlich düsteren Jahrzehnt scheint mit dem jungen Kaufmann »Oscar« Siebert an der Spitze der Erfolg an den Schalker Markt zurückzukehren. Der Pokalsieg 1972 ist der Höhepunkt dieser Entwicklung, denn längst wirft der Bundesligaskandal seinen langen Schatten auf den Club. Darüber hinaus hat Siebert mit Vorwürfen der Bereicherung durch den Würstchen- und Bierverkauf in der Glückauf-Kampfbahn und im Parkstadion zu kämpfen, doch immer wieder kann er auf den bierseligen Jahreshauptversammlungen die Mitglieder auf seine Seite ziehen. Wenn er dabei in die Runde fragt »Wo wohnt Günter Siebert?« und seine Anhänger mit »Im Herzen aller Schalker« antworten, gibt es danach auch schon mal Freibier.

Der Bau des Parkstadions fällt in die erste Amtszeit Sieberts, der aufgrund des Zuschauerandrangs bei der Eröffnung im August 1973 wieder einmal von goldenen Schalker Zeiten spricht. Nach neun Jahren endet »Oscars« erste Amtszeit. Noch zwei weitere Male wird er in schwierigen Zeiten für jeweils knapp anderthalb Jahre ins Präsidentenamt gewählt. Immer wieder versteht er es, die Gunst der Stunde auf den turbulenten Mitgliederversammlungen zu nutzen und durch glänzende Reden die Mehrheit hinter sich zu bringen. Ende der 1980er-Jahre zieht er sich dann auf die Ferieninsel Gran Canaria zurück, wo er »Oscars Pub« eröffnet. Seinen Spitznamen »Oscar« verdient Siebert sich übrigens durch die Ähnlichkeit mit der Hauptfigur aus dem Comic »Oskar, der Familienvater«, einer Katze mit sieben Kindern. Was ein schräges Bild ist, weil Oscar Sieberts eigentliche Familie, der FC Schalke 04, ein paar Zehntausend Mitglieder mehr hat.

Geboren: 15. Dezember 1930 in Kassel
Spieler auf Schalke: 1951–1959
Pflichtspiele für Schalke: 134 (68 Tore)
Erfolge mit Schalke: Deutscher Meister (1958)
Präsident auf Schalke: 1967–1976, 1978–1979, 1987–1988

ERWIN KOSLOWSKI

Ey, kaum eina vonne Schalka Fans kennt den Andreas Pyrchalla, abba frachse nach den Erwin Koslowski, bekommse zack zack zurück, dat dat doch der Name von DEM vonnem Schalker Kreisel is, der uns immer die Spiele erklärn tut.

Andreas Pyrchalla stiefelt nämlich seit Ende von die 70er-Jahre nach FC Schalke hin. Denne, im Herbst 1989, kritzelt der seine allererste Kolumne und schickt die an unsan Mänätschaa, den Bruchhagen. Un in diese Kolumne wird aussem Pyrchalla der Ruhrpottmensch Erwin Koslowski, der in seine lustigen und schnodderigen Art uns seinen Senf auftischen tut. Da dat alle so töfte finden, dat mittm Erwin un so, macht der dat seitdem imma, und inne Abgründe vonne zweite Liga wird der Erwin imma mehr beliebt. Auf jeden Fall beliebta als unser Maskottchen von damals, diesen Wühli. Dat isn son Maulwurf vonne Zeche oder so, auf jeden Fall geht der dann auch 1994 inne Rente und nochn Erwin kommt. Seitdem kannze dir auch ma dat Gesicht vonnem Erwin vorstellen tun, weil dat is ja sicherlich auch kein Zufall, dat der neue Maskottchen auch Erwin heißt, so wie der Koslowski. Is aba jetzt auch egal, dat tut nix mehr zur Sache, denn dem Koslowski seine Kolumne is bis dato wohl die meistgelesene Seite vonnem Vereinsmagazin, und der Pyrchalla is jetze eina vonne berühmtesten Schalka überhaupt. Auch wenn dat bisher niemand wissen tut.

Erwin Koslowski
Geboren: 6. Oktober 1989
gegen Duisburg

Andreas Pyrchalla
Geboren: 16. Januar 1970
in Bottrop

AILTON

Als frischgebackener Doublegewinner wechselt Aílton von der Weser an die Emscher – und bei Werder Bremen sind sie geschockt. Denn binnen 24 Stunden hat Schalkes Manager Rudi Assauer zuerst die Verpflichtung von Werders serbischem Innenverteidiger Mladen Krstajić und dann die des brasilianischen Bundesligatorschützenkönigs bekanntgeben. Beide Spieler kommen ablösefrei.

Der pfeilschnelle Ailton hat Bremen in der Saison 2003/04 mit sagenhaften 28 Toren zum Meistertitel geschossen und wird als erster Ausländer Deutschlands »Fußballer des Jahres«. Entsprechend groß sind die Hoffnungen auf Schalke. Doch noch vor der ersten Trainingseinheit in Gelsenkirchen macht sich der Stürmer unbeliebt auf Schalke: »Alles was ich über Gelsenkirchen gehört habe, ist ein Desaster«, sagt er in einem Radio-Interview und fügt an: »Vielleicht bleibe ich in Bremen wohnen und spiele nur auf Schalke.« Schalkes Anhang ist »not amused«, doch Manager Assauer spielt die Bemerkungen des »Spaßvogels« herunter. Das klappt zunächst. Beim ersten öffentlichen Training feiern über 2000 Fans den neuen Schalker Hoffnungsträger. Am 9. Bundesligaspieltag trifft Ailton erstmals für Schalke, am Ende sind es 14 Tore. Doch Aílton will mehr Geld. Er legt sich mit Schalke an, bis der Club einem Wechsel des Stürmers zu Besiktas Istanbul zustimmt.

Geboren: 19. Juli 1973 in Mogeiro (Brasilien)
Spieler auf Schalke: 2004–2005
Pflichtspiele für Schalke: 38 (16 Tore)
Erfolge mit Schalke: Vizemeister und DFB-Pokalfinalist (2005)

JÜRGEN SOBIERAY

»Alle sind da-bei, Fi-scher, So-bie-ray, Deutscher Meis-ter ES NULL VIER ...« schallt es in den frühen 1970er-Jahren oft zu der Melodie des Volkslieds »Hell die Gläser klingen« durch die Glückauf-Kampfbahn, wenn die Fans wieder einmal ihre »Jahrhundertelf« hochleben lassen. Jene Mannschaft, von der viele Experten heute noch behaupten, dass sie die beste aller Schalker Mannschaften gewesen sei. Jürgen Sobieray, den Günter Siebert als Jugendnationalspieler vom VfL Resse 08 zum FC Schalke 04 gelockt hat, ist ein wichtiger Teil dieser Mannschaft: ein junger, trickreicher Verteidiger, dem eine goldene Zukunft vorausgesagt wird.

Sogar Bundestrainer Helmut Schön wird auf den jungen Schalker aufmerksam und lässt ihn zur B-Nationalmannschaft einladen. Zu diesem Zeitpunkt ist Sobieray 21 Jahre alt, spielt aber schon seit zwei Jahren in der ersten Mannschaft der Königsblauen. Zusammen mit den ebenfalls noch jungen Klaus Fischer, Aki Lütkebohmert und Rolf Rüssmann bildet er das Gerüst des spielstarken Teams – bis er im Frühjahr 1971 gemeinsam mit seinen Kollegen eine Dummheit begeht, die seine Karriere abrupt ausbremst.

Am 17. April 1971 verkauft sich die halbe Mannschaft. Für insgesamt 40 000 D-Mark wird das Heimspiel gegen Arminia Bielefeld verschoben. Mit der absichtlichen 0:1-Niederlage verliert Schalke mehr als nur zwei Punkte. Schon kurz nach dem Bielefeld-Spiel machen erste Gerüchte über eine Manipulation die Runde. Aus Gerüchten werden Tatsachen, und als ersten trifft es – ausgerechnet in der heißen Schlussphase der Saison – Jürgen Sobieray.

Am letzten Spieltag muss Schalke nach München reisen, zu einem echten Endspiel um die Deutsche Meisterschaft. Doch nachdem ans Licht gekommen ist, dass Sobieray bei einer Geldübergabe anwesend war, wird er vom DFB umgehend für das letzte Ligaspiel gesperrt. Auch beim DFB-Pokalfinale gegen den 1. FC Kaiserslautern darf er nur zugucken. Jürgen Sobieray ist der erste Schalker, der mit einer Strafe belegt wird, schlussendlich erhält er ein zweijähriges Spielverbot. Als dieses im Juni 1973 vorzeitig aufgehoben wird, kehrt der Sünder Sobieray zwar sofort ins Schalker Team zurück, doch der Bundesligaskandal lastet schwer auf der Mannschaft.

> **Der erste Schalker, der im Skandal bestraft wird.**

Erst als die inzwischen wegen Meineids angeklagten Spieler 1975 vor Gericht ein Geständnis ablegen, fällt scheinbar alle Last von ihnen ab, und es keimt noch einmal der alte spielerische Glanz auf. Die letzten großen Höhepunkte in Jürgen Sobierays Schalker Karriere sind der 7:0-Sieg im Münchener Olympiastadion im Oktober 1976 sowie die Vizemeisterschaft im April. 1979, nach 210 Bundesligaspielen für Schalke, wird Jürgen Sobieray von Trainer Gyula Lorant ausgemustert.

Nach dem Ende seiner sportlichen Laufbahn gerät Sobieray in finanzielle Schwierigkeiten und muss seine Villa in Dorsten zwangsversteigern lassen. Er macht seinen Trainerschein, versucht sich als Manager und Spielerberater, doch im Jahre 2001 wird er wegen Betrugs bei Transfergeschäften zu drei Jahren und sechs Monaten Haft verurteilt. Den Schalker Fans bleibt er trotz alledem wegen seiner außergewöhnlichen Leistungen für ihren Club in bester Erinnerung.

Geboren: 2. November 1950 in Gelsenkirchen
Spieler auf Schalke: 1969–1979
Pflichtspiele für Schalke: 240 (17 Tore)
Erfolge mit Schalke: DFB-Pokalsieger (1972), Vizemeister (1972, 1977)

TOP 10 DES SCHALKE 04

TOP 10: BUNDESLIGA-EINSÄTZE

1.	Klaus Fichtel	*1965–1980, 1984–1988*	477
2.	Norbert Nigbur	*1966–1976, 1979–1983*	355
3.	Rolf Rüssmann	*1969–1973, 1974–1980*	304
4.	Klaus Fischer	*1970–1981*	295
	Olaf Thon	*1984–1988, 1994–2002*	295
6.	Herbert Lütkebohmert	*1969–1979*	286
7.	Gerald Asamoah	*1999–2010*	279
8.	Michael Büskens	*1992–1999, 2000–2003*	257
9.	Jiří Němec	*1993–2002*	256
10.	Yves Eigenrauch	*1991–2002*	229

TOP 10: BUNDESLIGA-TORE

1.	Klaus Fischer	182
2.	Ebbe Sand	74
3.	Kevin Kurányi	71
4.	Olaf Thon	52
5.	Erwin Kremers	50
6.	Ingo Anderbrügge	46
7.	Helmut Kremers	45
8.	Rüdiger Abramczik, Gerald Asamoah	44
10.	Klaas-Jan Huntelaar	42

TOP 10: DFB-POKALSPIELE

1.	Klaus Fichtel	52
2.	Rolf Rüssmann	42
3.	Norbert Nigbur	41
4.	Klaus Fischer, Ernst Kuzorra, Herbert Lütkebohmert	39
7.	Ernst Kalwitzki, Fritz Szepan	36
9.	Otto Tibulsky	34
10.	Stan Libuda	32

TOP 10: DFB-POKAL-TORE

1.	Klaus Fischer	34
2.	Ernst Kalwitzki	27
3.	Ernst Kuzorra	26
4.	Fritz Szepan	20
5.	Ebbe Sand	18
6.	Ernst Poertgen	17
7.	Hermann Eppenhoff	16
8.	Gerald Asamoah, Helmut Kremers, Adolf Urban	11

TOP 10: EUROPAPOKALSPIELE

1.	Gerald Asamoah	51
2.	Marcelo Bordon	36
3.	Lewan Kobiaschwili	35
4.	Frank Rost, Benedikt Höwedes	34
6.	Rafinha, Ebbe Sand, Jefferson Farfán Jermain Jones	31
10.	Kevin Kurányi, Christian Poulsen	29

TOP 10: EUROPAPOKAL-TORE

1.	Klaas-Jan Huntelaar	21
2.	Ebbe Sand	10
3.	Mike Hanke, Raul, Marc Wilmots	9
6.	Klaus Fischer, Lewan Kobiaschwili, Kevin Kurányi, Lincoln	7
10.	Gerald Asamoah, Jefferson Farfán	5

TOP 10: BUNDESLIGA-GELBSÜNDER

1.	Jiří Němec	78
2.	Olaf Thon	47
3.	Gerald Asamoah, Bernd Thiele, Rafinha	41
6.	Michael Büskens, Jermaine Jones	40
8.	Radoslav Látal	38
9.	Marcelo Bordon, Andreas Müller	35

TOP 10: BUNDESLIGA-ROTSÜNDER

(Rote + Gelb-Rote Karte)

1.	Jermaine Jones	*(1+4)*	5
2.	Christian Poulsen	*(0+4)*	4
	Youri Mulder	*(2+1)*	3
	Anibal Matellán	*(1+2)*	3
	Jiří Němec	*(1+2)*	3
	Lincoln	*(1+2)*	3
	Günter Schlipper	*(1+2)*	3
8.	Gerald Asamoah	*(1+1)*	2
	Benedikt Höwedes	*(1+1)*	2
	Fabian Ernst	*(1+1)*	2
	Gustavo Varela	*(1+1)*	2
	Orlando Engelaar	*(1+1)*	2
	Marco van Hoogdalem	*(0+2)*	2
	Tomasz Wałdoch	*(0+2)*	2
	Zlatan Bajramović	*(0+2)*	2
	Kyriakos Papadopoulos	*(0+2)*	2

TOP 10: BUNDESLIGA-EIGENTORE

1.	Jürgen Sobieray	3
2.	Helmut Kremers, Andreas Müller, Mathias Schipper, Tomasz Hajto	2
6.	Klaus Fichtel, Rolf Rüssmann, Olaf Thon, Jiří Němec, Yves Eigenrauch, Ingo Anderbrügge, Ebbe Sand, Thomas Linke, Friedel Rausch, Ulrich Bittcher, Marco van Hoogdalem, Tomasz Wałdoch, Marc Wilmots, Hannes Bongartz, Mladen Krstajić, Christian Poulsen, Klaus Senger, Heiko Westermann, Hendrik Herzog, Kyriakos Papadopoulos, Vilson Džoni, Willi Schulz, Christoph Metzelder, Anibal Matellán, Friedrich Wagner, Hans-Günter Bruns	1

TOP 10: DEUTSCHE MEISTERSCHAFTEN

1.	Fritz Szepan, Ernst Kuzorra, Ernst Kalwitzki, Otto Tibulsky, Hans Bornemann,	6
6.	Adolf Urban	5
7.	Hermann Eppenhoff, Hans Klodt, Rudolf Gellesch, Valentin Przybylski, Otto Schweisfurth	3

TOP 10: DFB-POKALSIEGE

1.	Oliver Reck, Tomasz Wałdoch, Tomasz Haijto, Nico van Kerckhoven, Marco van Hoogdalem, Emile Mpenza, Youri Mulder, Ebbe Sand, Gerald Asamoah, Olaf Thon, Yves Eigenrauch, Andreas Möller, Niels Oude Kamphuis, Sven Kmetsch, Jiří Němec, Michael Büskens	2

Abbildungsnachweis:
Titel: Picture Alliance
Rückseite: Imago (3), Getty Images
Coddou (Seiten 12/13)
Firo (Seite 121)
Getty Images (Seiten 48, 64, 138)
Horstmüller (Seiten 4/5, 6/7, 8/9, 24, 44, 51, 56, 67, 70, 75, 78, 89, 91, 97, 98, 115, 116, 117, 128, 143, 144)
Imago (Seiten 10/11, 16, 19, 20, 22, 23, 27, 28, 30, 33, 34, 37, 38, 40, 43, 46, 59, 68, 71, 72, 76, 80, 83, 87, 88, 94, 106, 108, 111, 112, 122, 124, 127, 131, 132, 133, 134, 137, 140, 147, 149)
Picture Alliance (Seiten 55, 62)
Rabas (Seiten 39, 146)
Stadtarchiv Gelsenkirchen (Seite 118)
Ullstein (Seiten 52, 60, 84, 92, 101, 102, 103, 104)

Bibliografische Informationen der Deutschen Nationalbibliothek:
Die Deutschen Nationalbibliothek verzeichnet diese Publikation in der Deutschen Nationalbibliothek; detaillierte bibliografische Daten sind im Internet über http://dnb.d-nb.de abrufbar.

1. Auflage
ISBN 978-3-7688-3563-3

Idee und Konzept: Edwin Baaske
Text: Stefan Barta (Redaktionsschluss: Januar 2013)
Bildredaktion: Reinaldo Coddou H.
Lektorat: Thomas Lötz
Gestaltung: Claas Möller, claasbooks.de
Reproduktion: digital | data | medien, Bad Oeynhausen
Druck: Himmer AG, Augsburg
Printed in Germany 2013

Delius Klasing Verlag, Siekerwall 21, D - 33602 Bielefeld
Tel.: 0521/559-0, Fax: 0521/559-115
E-Mail: info@delius-klasing.de
www.delius-klasing.de